Erleuchtete Geschichte

Band 3

Die Tradition der Weisheit

Visionen und Prophezeiungen der Göttin

© 2016

von

**John Noyce**

Dieses Buch ist der Erinnerung an

**Shri Mataji Nirmala Devi**

gewidmet.

21.03.1923, Chhindwara, Madhya Pradesh, Indien
23.02.2011, Genua, Italien

Erleuchtete Geschichte
Band 3

# Die Tradition der Weisheit
Visionen und Prophezeiungen der Göttin
© 2016

von

# John Noyce

aus dem Englischen übertragen
von
Uwe David

Titel der Originalausgabe

*History Enlightened, Volume 3*
# *The Wisdom Tradition*
*Visions and Prophecies of the Goddess in the Sapiential Tradition*
© 2007

**Bibliografische Information der Deutschen Nationalbibliothek**

Die Deutsche Nationalbibliothek verzeichnet diese Publikation in der Deutschen Nationalbibliografie; detaillierte bibliografische Daten sind im Internet über http://dnb.d-nb.de abrufbar.

Erste Auflage der deutschen Übersetzung unter dem Titel:

**Erleuchtete Geschichte – Band 3:**
**Die Tradition der Weisheit – Visionen und Prophezeiungen der Göttin**
© 2013 Uwe David (ISBN 978-3-73-224811-7)

Zweite, überarbeitete Auflage:

© 2016 Uwe David
ISBN: 978-3-73-924199-9

Umschlaggestaltung: © 2016 Uwe David
Vorderseite: „Die Heilige Dreifaltigkeit", St. Jakobus, Urschalling, s. Abb. 1
Rückseite: „Матерь Мира (Mutter der Welt)", Skizze aus der Serie „Banners of the East" (1924) von Nicholas Roerich, Tempera auf Leinwand und Karton, Nicholas-Roerich-Museum, New York[1]
Zitate von Shri Mataji Nirmala Devi: Shri Krishna Puja, Cabella di Ligure, Italien, 28.08.1994 und Navaratri Puja, Los Angeles, USA, 27.10.2002
Herstellung und Verlag: BoD - Books on Demand, Norderstedt, 2016

Weitere Informationen zu diesem Werk und anderen Übersetzungen von Uwe David über www.erleuchtete-geschichte.jimdo.com.

Alle Bände aus der Reihe *History Enlightened* von John Noyce sind erhältlich bei www.lulu.com.

## Danksagung und Anmerkungen zur deutschen Ausgabe

Auch dieses Buch basiert sowohl im Original als auch in seiner deutschen Übersetzung auf der Inspiration Shri Mataji Nirmala Devis. Mit ihrem unermüdlichen Lebenswerk hat sie Begriffe wie Wahrheit und Weisheit erneut mit Leben erfüllt.

Neben der für sich selbst sprechenden, inhaltlichen Aufbereitung des für mich als europäischem Leser natürlich interessanten Themas, bin ich dem Autor für seine anhaltende Geduld bei der Beantwortung meiner zahlreichen Fragen sowie dafür zu Dank verpflichtet, dass er mir bei der Umsetzung des Projektes für den deutschen Sprachraum einen unbürokratischen und weitreichenden Spielraum eingeräumt hat.

Mein Dank gilt ebenfalls Dr. Alexander Loose vom Lehrstuhl für Mittel- und Neulateinische Philologie der Martin-Luther-Universität in Halle-Wittenberg für die Übersetzung zweier mittellateinischer Texte von Alain de Lille.

Auch Herr Rolf Wolters, Inhaber des Christlichen Schriftenversands in Walzbachtal hat zum Gelingen des Werkes beigetragen, indem er mir Auszüge aus den Schriften von Johann Jakob Wirz zur Verfügung stellte. Gleiches gilt für das Nicholas-Roerich-Museum in New York sowie für das Antiquariat Weber in Neuenstein, die mir die Verwendung von Bilddateien erlaubt haben.

Auch wenn ich das zugesendete Material leider nicht direkt verwenden konnte, bedanke ich mich ebenfalls bei Pater Kassian Lauterer aus der Zisterzienserabtei Wettingen-Mehrerau, Österreich, sowie bei Thomas Kaiser vom Latein-Online-Forum Auxilium, bei Dr. Ingo Schaaf vom Fachbereich Literaturwissenschaft der Universität Konstanz und all den anderen, die mir nicht direkt, jedoch indirekt geholfen haben.

Ohne Toni Grabmayers unerlässliche Hilfe beim Korrekturlesen, seine Feedbacks sowie Arno Krimmers Hilfe bei der Bildauswahl und seine allgemeine Beratung wäre das Projekt nicht umzusetzen gewesen. Mein Dank gilt ebenfalls meiner Mutter, Erika David, sowie Ulrike Deiseroth, die mich nicht nur bei diesem, sondern auch bei anderen Projekten in vielfältiger Weise unterstützt haben.

Die Arbeit enthält sehr viele zitierte Passagen. Üblicherweise wird bei einer Übersetzung das jeweilige Zitat zu seinem Original zurückverfolgt, insbesondere, wenn es aus der Übersetzungssprache, also in diesem Falle dem Deutschen, entnommen wurde. Viele der im Text verwendeten Zitate stammen aus mittelhochdeutschen Quellen, die, wie ebenfalls üblich, wörtlich, nicht korrigiert und nicht an die heutige Rechtschreibung angepasst wurden. Dabei wurde aus Gründen der Lesbarkeit jedoch darauf verzichtet, die vielen, vermeintlichen Rechtschreibfehler mit dem sonst üblichen „sic!" zu kennzeichnen. Auch vermutliche Tippfehler, wie z. B. in „GOtt", sind Schreibweisen, die aus dem Originaltext übernommen wurden.

## Danksagung und Anmerkungen zur deutschen Ausgabe

Manchmal gelang es mir trotz intensiver Suche nicht, die jeweilige Originaltextstelle ausfindig zu machen. In diesem Fall musste ich aus der englischen Übersetzung zurück ins Deutsche übersetzen. Die entsprechenden Stellen sind natürlich gekennzeichnet.

In den Fußnoten werden u. a. Übersetzungen der Titel zitierter Werke angeboten. Sofern ich tatsächlich eine deutsche Ausgabe des Werkes recherchieren konnte, habe ich diese angeführt. Konnte ich keine deutsche Übersetzung der Arbeit finden oder liegt tatsächlich keine vor, so habe ich lediglich den Titel übersetzt.

Alle Abbildungen wurden mit freundlicher Genehmigung der Copyright-Inhaber verwendet, stammen aus Quellen, für die das Copyright entweder abgelaufen ist oder die ansonsten gemeinfrei verfügbar sind. Soweit es möglich war, wurden Schwarz-Weiß-Bilder mit Zustimmung des Autors durch farbige ersetzt.

Das Personen- und Sachverzeichnis wurde aus der englischen Vorlage übernommen, doch ebenfalls mit Zustimmung des Autors durch weitere Einträge ergänzt.

Die Anmerkungen des Autors, die im Original hinter den jeweiligen Kapiteln aufgelistet sind, wurden ebenfalls mit seiner Zustimmung in einem Gesamtverzeichnis am Ende zusammengefasst.

Alle Einträge oder Anmerkungen, die von mir gegenüber dem Originaltext ergänzt wurden, habe ich in eckige Klammern ([ ]) gesetzt. Sofern es sich um Originalanmerkungen des Autors handelt oder sie aus einem angeführten Zitat selbst stammen, wurde dies gesondert gekennzeichnet.

Nicht zuletzt möchte ich mich beim Leser im Voraus bedanken, wenn er das Werk mit dem Wohlwollen liest, mit dem es geschrieben und übersetzt wurde und mögliche Fehler nachsieht, die wahrscheinlich trotz aller Sorgfalt immer noch vorhanden sind.

Uwe David, im Februar 2016

# Inhaltsverzeichnis

| | | |
|---|---|---|
| | Widmung zur englischen Ausgabe | 2 |
| | Danksagung und Anmerkungen zur deutschen Ausgabe | 5 |
| | Inhaltsverzeichnis | 7 |
| | **Einleitung** | **9** |
| 1 | **Sophia und weibliche Weisheit** | **13** |
| 2 | **Von Böhme bis Goethe – Visionen der Sophia im frühen modernen Europa** | **33** |
| 3 | **Sophia und die mystische Tradition Russlands** | **57** |
| 4 | **Prophetische Visionen der Göttin im 19. und frühen 20. Jahrhundert** | **71** |
| 5 | **Schlussbetrachtungen** | **89** |
| Anhang | Die Zeitalter des Menschen – eine Typologie | 91 |
| | Personen- und Sachverzeichnis | 93 |
| | Abbildungsverzeichnis | 105 |
| | Literaturnachweise | 107 |
| | **Anmerkungen** | **133** |

# Einleitung

Das wissenschaftliche Interesse im relativ neuen Bereich religiöser Studien, die sich der westlichen Esoterik widmen, hat in den letzten Jahren stark zugenommen. Dazu gehört auch die Beschäftigung mit der Alchemie, der Astrologie, verschiedenen magischen Traditionen, Christlicher Theosophie und einer Vielzahl geheimer oder halbgeheimer Gruppierungen.[2] Diese Studie positioniert sich innerhalb dieses Forschungsgebiets und befasst sich insbesondere mit der Art, in der weibliche Bildnisse der Weisheit oder Göttlichkeit in den religiösen und literarischen Überlieferungen Europas angerufen wurden.

Während die Studien meiner Studentenzeit sich mit der modernen, britischen und europäischen Sozialgeschichte befassten, erstreckten sich meine nachfolgenden Forschungsinteressen auf die Religionsgeschichte Südasiens. Somit erfolgten meine aktuellen Analysen der visionären Mystiker Europas auch erst, nachdem ich die südasiatische Perspektive kennengelernt hatte.

Bei der früheren Lektüre europäischer Mystiker schien es mir, dass man die Vorstellung von „einer Göttin, viele Manifestationen", die in den historischen Studien der Religionen Südasiens akzeptiert ist,[3] auch auf einige Aspekte der westlichen religiösen Überlieferung anwenden kann – insbesondere auf esoterische Traditionen, die im jüdischen und christlichen Mystizismus verwurzelt sind. Mit Anerkennung stütze ich mich dabei auf die wegbereitenden Arbeiten der Professorin Barbara Newman in *God and the Goddesses: Vision, Poetry, and Belief in the Middle Ages* (2003)[i] sowie der Professoren Peter Schäfer in *Mirror of His Beauty: Feminine Images of God from the Bible to the Early Kabbalah* (2002)[ii] und Arthur Versluis in *Wisdom's Children* (1999) und *Wisdom's Book* (2000)[iii].[4]

Diese Untersuchung ist Teil breiter angelegter Forschungen über das Göttlich-Weibliche, das, wie ich feststelle, ein wiederkehrendes Motiv in der religiösen und spirituellen Literatur einer Vielzahl von Kulturen zu sein scheint. Sehr mitreißend hat Prof. Nikky-Guninder Kaur Singh über dieses Thema in der Tradition der Sikh geschrieben.[5] Ähnliche Studien über das Tao existieren in der chinesischen[6] und islamischen Tradition[7], und die *Kabbala* hat ihren Platz in der mystischen Überlieferung des Judentums.[8]

Bei der Suche nach Beschreibungen der vielen Visionen der Göttin habe ich mein Netz weit ausgeworfen und Werke verwendet, die in der Moderne unterschiedlich als religiös, philosophisch und literarisch kategorisiert werden. Es bleibt jedoch

---

[i] *Gott und die Göttinnen: Vorstellung, Dichtung und Glaube im Mittelalter*
[ii] *Spiegel Seiner Schönheit: Weibliche Gottesbilder von der Bibel bis zur frühen Kabbala*
[iii] *Die Kinder der Weisheit* und *Das Buch der Weisheit*

für mich die Frage offen, warum einige Autoren der Religionsgeschichte, insbesondere der germanischen Tradition, die Behandlung des Themas nicht auf Texte ausgedehnt haben, die traditionell nicht unbedingt als religiös bezeichnet werden, um z. B. auch literarische Texte einzuschließen. Beispielsweise widmet der deutsche katholische Priester Thomas Schipflinger in seiner ansonsten umfassenden und ausgezeichneten *Sophia-Maria: Eine ganzheitliche Vision der Schöpfung* (1988)[9] jeweils ein Kapitel Jacob Böhme und Gottfried Arnold und macht dabei von den Gedichten des letzteren Gebrauch. Er verzichtet jedoch auf jede Erwähnung ihres Einflusses auf spätere deutsche romantische Schriftsteller wie Hölderlin und Novalis, noch erwähnt er Goethe und das Ewig-Weibliche im *Faust*. In seinem Kapitel über die russischen Anhänger Sophias bespricht Schipflinger Solowjow und verwendet seine Gedichte. Doch er beschränkt die Diskussion von Solowjows Einfluss auf die späteren russischen Schriftsteller auf die orthodoxen Theologen Bulgakow und Florenski. Die symbolistischen Dichter Bely und Blok werden überhaupt nicht erwähnt.[10]

Den Begriff Visionen habe ich verwendet, um die göttlichen Erscheinungen zu beschreiben, die in dieser Studie geschildert und besprochen werden, auch wenn andere dafür möglicherweise anderslautende Begriffe wie „Vorstellungen[11]", „Träume[12]" oder „mystische Erfahrungen[13]" verwenden.

Zusammengefasst untersucht diese Arbeit die verschiedenen Arten und Weisen, in der sich eine weibliche göttliche Gestalt – die hier als die Göttin, als Sophia oder auch als das Göttlich-Weibliche beschrieben wird – überall im Lauf der Geschichte und in verschiedenen Erscheinungsformen manifestiert hat, um diejenigen zu leiten und zu ermutigen, die sie anbeten. Dabei wird besonderer Wert auf die Erscheinungen innerhalb der christlichen Tradition Europas gelegt. Schilderungen dieser Visionen tauchen in vielen schriftlichen Berichten der o. g. Kategorien auf und die alle in dieser Studie verwertet worden sind.

Darüber hinaus muss ich mich bei anderen Forschern bedanken, die mir großzügig ihre Ergebnisse zur Verfügung gestellt haben. Dazu gehören insbesondere Kingsley und Ruth Flint aus der Schweiz sowie Dominique Abelard aus Frankreich.

Mein Dank gilt ebenfalls den Wissenschaftlern der Monash University, Australien, mit denen ich studiert habe: Dr. Ian Mabbett, der die Anfänge der Abschlussarbeit beaufsichtigte, Dr. Nathan Wolski, der mich mit der jüdischen Mystik und insbesondere dem *Zohar* bekanntmachte sowie Privatdozent Prof. Constant Mews, der mich in die Frauenmystik des mittelalterlichen Europas einführte und mit beträchtlicher Geduld die Arbeit begleitet hat, die den Texten dieses Buches zugrunde liegt.

Alle dargestellten Sichtweisen und noch verbliebene Fehler sind natürlich allein meine.

John Noyce

Melbourne, Australien, August 2007

**Abb. 1: Die Heilige Dreifaltigkeit (14. Jhd.)**

Diese Darstellung stammt aus dem Beginn des neunten Jahrhunderts und befindet sich in der Kirche St. Jakobus im oberbayerischen Urschalling. Das interessante und selten angetroffene Porträt der Dreieinigkeit stellt unmissverständlich den Heiligen Geist als Frau dar und zeigt damit, dass sogar in dieser Zeit die Vorstellung vom Heiligen Geist als dem mütterlichen Prinzip der Dreieinigkeit nicht unbekannt war.

# 1 Sophia und weibliche Weisheit

Obwohl es weltweit viele Studien über die Göttin gibt – in der antiken Welt[14] und, in der Tat, in spezifischen geografischen Gebieten wie Indien[15] –, existieren verhältnismäßig wenige Studien über sie im Europa jüngerer Zeitperioden.[16] In diesem Kapitel gebe ich einen Überblick der Tradition der Weisheit und diskutiere die Erscheinungen einiger christlicher Mystiker des mittelalterlichen Europas.

Im Hebräischen lautet das Wort für Weisheit חכמה[iv] (chochmah)[v], im Griechischen σοφία (sophia) und sapientia auf Latein.[17] Die erste und bedeutende Erwähnung in den jüdischen Schriften findet man in *Buch der Sprüche*, das seine letzte Redaktion im sechsten Jahrhundert v. u. Z.[vi] oder vielleicht auch später erfuhr. Im einleitenden Kapitel heißt es:

> *Die Weisheit ruft laut auf der Straße und lässt ihre Stimme hören auf den Plätzen. Sie ruft im lautesten Getümmel, am Eingang der Tore, sie redet ihre Worte in der Stadt: Wie lange wollt ihr Unverständigen unverständig sein und ihr Spötter Lust zu Spötterei haben und ihr Toren die Erkenntnis hassen (1:20–22)?*

Später behauptet sie:

> *Ich, die Weisheit, wohne bei der Klugheit und weiß guten Rat zu geben (8:12),*

und macht deutlich:

> *Meine Frucht ist besser als Gold und feines Gold, und mein Ertrag besser als erlesenes Silber. Ich wandle auf dem Wege der Gerechtigkeit, mitten auf der Straße des Rechts, dass ich versorge mit Besitz, die mich lieben, und ihre Schatzkammern fülle (8:19–21).*[vii]

Im *Buch der Sprichwörter* wird die Weisheit als Ziel des menschlichen Strebens präsentiert. Doch statt den Fokus auf Rechtsprinzipien zu legen, wie im *Buch Baruch*, konzentrieren sich die *Sprichwörter* auf die moralischen Anforderungen, die die Weisheit allen Menschen auferlegt.[18]

Im späteren *Buch Baruch*, einer Kompilation biblischer Themen, die Gelehrte auf 200 bis 60 v. u. Z. datieren, spielt die Weisheit darauf an:

---

[iv] oder auch חוכמה geschrieben. Die hebräische Originalschreibweise an dieser und anderen Stellen sowie auch die kyrillische wurde vom Übersetzer ergänzt.
[v] s. auch S. 24
[vi] vor unserer Zeitrechnung, vor Christi Geburt
[vii] zitiert aus der *Lutherbibel* von 1984

> *Wer stieg zum Himmel hinauf, holte die Weisheit und brachte sie aus den Wolken herab? Wer fuhr über das Meer und entdeckte sie und brachte sie her gegen lauteres Gold? Keiner weiß ihren Weg, niemand kennt ihren Pfad (3:29–31).*[19, viii]

Hier wird die Weisheit zur *Tora*, zum Gesetz Gottes und ist gleichfalls der Träger sozialer Gerechtigkeit, von Stärke und Verständnis.

Das *Buch Sirach*, auch bekannt als die *Weisheit von Jesus Ben Sirach* und als *Ecclesiasticus*,[20] wurde von einem ägyptischen Juden in Hebräisch verfasst und von seinem Enkel, Jesus Ben Sirach, ins Griechische übersetzt. In seiner hebräischen Fassung kann man es auf 190 v. Chr.[ix] datieren und es enthält Gedichte und Sprichwörter ähnlich denen im *Buch der Sprüche*. Hier behauptet die Weisheit:

> *Ich ging aus dem Mund des Höchsten hervor*
> *und wie Nebel umhüllte ich die Erde.*
> *Ich wohnte in den Höhen,*
> *auf einer Wolkensäule stand mein Thron.*
> *Den Kreis des Himmels umschritt ich allein,*
> *in der Tiefe des Abgrunds ging ich umher.*
> *Über die Fluten des Meeres und über alles Land,*
> *über alle Völker und Nationen hatte ich Macht (24:3–6).*[21, x]

Während dieser Text mehr als die anderen jüdischen Weisheitstexte das Männliche ins Zentrum rückt, ermöglicht sein starker poetischer Aspekt es der Gestalt der Weisheit, sich über andere Belange des Textes zu erheben.

Die beste Beschreibung der Weisheit in der jüdischen Überlieferung findet sich (aus meiner Sicht) im *Buch der Weisheit*, das auf Griechisch und im ägyptischen Alexandria im ersten Jahrhundert n. Chr.[xi] geschrieben wurde und in dem die Weisheit hell erstrahlt und niemals verwelkt:

> *Strahlend und unvergänglich ist die Weisheit;*
> *wer sie liebt, erblickt sie schnell,*
> *und wer sie sucht, findet sie.*
> *Denen, die nach ihr verlangen,*
> *gibt sie sich sogleich zu erkennen.*
> *Wer sie am frühen Morgen sucht, braucht keine Mühe,*
> *er findet sie vor seiner Türe sitzen.*
> *Über sie nachzusinnen ist vollkommene Klugheit;*

---

[viii] zitiert aus der Einheitsübersetzung, die der im Original zitierten englischen *Jerusalem Bible* entspricht
[ix] vor Christi Geburt
[x] Einheitsübersetzung
[xi] nach Christi Geburt

> *wer ihretwegen wacht, wird schnell von Sorge frei.*
> *Sie geht selbst umher, um die zu suchen, die ihrer würdig sind;*
> *freundlich erscheint sie ihnen auf allen Wegen*
> *und kommt jenen entgegen, die an sie denken (6:12–16).* [22], [xii]

In diesem Text wird die Weisheit in einer Bildersprache porträtiert, die ihrer Natur nach oft eine kosmische ist.

Die englische feministische Historikerin Asphodel Long bemerkte, dass Weisheit immer weiblich ist und hat sie mit anderen alten Manifestationen des Göttlich-Weiblichen verglichen. Dazu gehörte die ägyptische Göttin Isis, deren Verehrung in der römischen Welt weit verbreitet war, die frühere semitische Göttin Astarte (Ishtar), die hellenischen Göttinnen Rhea und Athene und die frühere hebräische Göttin Asherah.[23]

In der antiken Welt wurde das Göttlich-Weibliche in vielen verschiedenen Formen und häufig als Isis verehrt. Eine der wortgewandtesten überlieferten Beschreibungen von Isis findet man bei dem römischen Schriftsteller Lucius Apuleius in seinem Roman *Metamorphosen* aus dem zweiten Jahrhundert n. Chr. Darin beschreibt er, wie ihn Isis in einem Traum besuchte und sagte:

> *Schau! Dein Gebet hat mich gerührt. Ich, Allmutter Natur, Beherrscherin der Elemente, erstgeborenes Kind der Zeit, Höchste der Gottheiten, Königin der Manen, Erste der Himmlischen; ich, die in mir allein die Gestalt aller Götter und Göttinnen vereine, mit einem Wink über des Himmels lichte Gewölbe, die heilsamen Lüfte des Meeres und der Unterwelt klägliche Schatten gebiete. Die alleinige Gottheit, welche unter so mancherlei Gestalt, so verschiedenen Bräuchen und vielerlei Namen der ganze Erdkreis verehrt – denn mich nennen die Erstgeborenen aller Menschen, die Phrygier, pessinuntische Göttermutter – ich heiße den Atheniensern, Kindern ihres eigenen Landes, kekropische Minerva; den eiländischen Kypriern paphische Venus; den pfeilführenden Kretern dictynnische Diana: den dreizüngigen Siziliern stygische Proserpina; den Eleusinern Altgöttin Ceres. Andere nennen mich Juno, andere Bellona, andere Hekate, Rhamnusia andere. Sie aber, welche die aufgehende Sonne mit ihren ersten Strahlen beleuchtet, die Äthiopier, auch die Arier und die Besitzer der ältesten Weisheit, die Ägypter, mit den angemessensten eigensten Gebräuchen mich verehrend, geben meinen wahren Namen mir: Königin Isis.* [24]

An dieser Stelle muss erwähnt werden, dass einige in Lucius' Bericht über die Isis- und Osiris-Kulte im Buch 11 der *Metamorphosen* – um S. J. Harrison zu zitieren – "eine unterhaltsame Satire auf die religiöse Manie und jugendliche Einfältigkeit" sehen. Wie dem auch sei – der hier vorgestellte Auszug stellt dennoch

---

[xii] Einheitsübersetzung

eine ausgezeichnete Zusammenfassung der vielen Namen dar, mit denen die weibliche Gottheit in der antiken Welt angebetet wurde.[25]

In der Nag-Hammadi-Bibliothek der größtenteils koptisch-griechischen Texte aus dem zweiten und möglicherweise dritten Jahrhundert n. Chr. finden wir mehrere Texte, die die Weisheit beschreiben und loben. Einer der bemerkenswertesten ist der über die Dreigestaltige Protennoia, der beginnt:

> *[Ich] bin die Protennoia,*
> *der Gedanke, der da ist im [Vater].*
> *[Ich] bin die Bewegung, die da waltet im [All],*
> *[und die], in [der] das All Bestand hat,*
> *(Ich bin) [die] Erstgeburt unter den Gewordenen,*
> *[und die, die] vor dem All da ist,*
> *genannt die Dreinamige, weil allein vollkommen.*
>
> *Ich bin unsichtbar im Denken des Unsichtbaren,*
> *und doch bin ich sichtbar in den Unmeßbaren, den Unsagbaren.*
> *Ich bin ungreifbar, die ich im Ungreifbaren bin,*
> *und doch bin ich umgetrieben in jedem Geschöpf.*[26]
> ...
> *Ich bin eine Einzige,*
> *da ich unberührt bin.*
> *Ich bin die Mutter des Rufes,*
> *die ich auf vielerlei Weisen redend das All erfülle.*
> *Ja, in mir (allein) liegt Erkenntnis,*
> *die Erkenntnis des Unendlichen.*
> *Ich bin es, der redet jedem Geschöpf,*
> *und ich wurde erkannt durch das All.*
> *Ich bin es,*
> *der den Ruf erschallen läßt,*
> *in den Ohren derer, die mich erkannt haben,*
> *die da sind die Kinder des Lichtes.* [27, 28]

Im Neuen Testament der christlichen *Bibel* gibt es wenige Verweise auf die weibliche Weisheit und sicher bestimmt nichts so Abgelegenes wie die Dreigestaltige Protennoia. Erst in den Paulus zugeschriebenen *Episteln* (der nie wirklich eine der mündlichen Lehren von Jesus gehört hatte) finden wir die Weisheit mit dem gekreuzigten Christus gleichgestellt (1. Kor. 1:24). Insbesondere im Brief an die Kolosser (1:5–20) und an die Hebräer (1:2–3) treten die Eigenschaften der Sophia bzw. Weisheit an die Stelle des Christi von Paulus.[29]

In den frühen Jahrhunderten der Entwicklung der christlichen Kirche war die Bedeutung von Sophia als Weisheit der Auslöser großer Meinungsverschiedenheiten. Im zweiten Jahrhundert n. Chr. entwickelten die Gnostiker wohldurchdachte

Mythologien der Sophia,³⁰ die aber von der Hauptströmung der christlichen Tradition zurückgewiesen wurde. Die meisten frühen christlichen Schriftsteller folgten dem Leitbild des Philon von Alexandria und identifizierten Sophia mit dem Logos[xiii] und so dem Neuen Testament zufolge mit dem Göttlichen in Jesu Christo.³¹

Im sechsten Jahrhundert n. Chr. wartete Boethius, der führende Philosoph seiner Zeit, gemäß den Anordnungen eines barbarischen Kaisers auf seinen drohenden Foltertod im Gefängnis. In seinem *De Consolatione Philosophiae*[xiv] präsentiert er die Beschreibung einer Vision:

> *Während ich solche Gedanken still für mich im Herzen bewegte und meine jammernde Klage mit dem Schreibgriffel aufzeichnete, da erschien mir zu Häupten eine Frauengestalt von ehrfurchtgebietender Hoheit, mit glühenden Augen von so durchdringender Kraft, wie sie sonst den Menschen nicht eigen ist. Frisch war ihre Gesichtsfarbe und unerschöpft ihre Körperkraft, obgleich sie schon ein so langes Leben hinter sich zu haben schien, daß man sie kaum noch unserem Zeitalter zurechnen konnte. Ihre Gestalt war eine wechselnde. Bald nämlich schrumpfte sie auf das gewöhnliche Maß der Menschen zusammen, bald wieder schien sie mit der Höhe des Scheitels die Wolken zu berühren. Hätte sie das Haupt noch höher erhoben, so wäre sie in den Himmel selbst eingedrungen und den Blicken der Menschen entschwunden. Ihre Kleider waren von den dünnsten Fäden, aber aus unverwüstlichem Stoff, mit der feinsten Kunstfertigkeit gewebt und zwar, wie sie mir später erzählte, das Werk ihrer eigenen Hände. Äußerlich zeigten sie indes die Verschossenheit eines vernachlässigten Alters, verwitterten und bestaubten Gemälden vergleichbar.*³², [33]

---

[xiii] griech. Λόγος: das Wort. Hier ist die Vorstellung von Christus als Fleisch gewordenes Wort Gottes gemeint (Joh. 1:14).
[xiv] dt. Ausgabe: *Der Trost der Philosophie*

Sophia und weibliche Weisheit

**Abb. 2: Lady Philosophy (10. Jhd.)**

Nach einem englischen Manuskript von Boethius'
*De Consolatione Philosophiae*

Für Boethius stellte das Bild Philosophia dar, obwohl einige jüngere Historiker – ohne irgendwelche Beweise für ihre Behauptung zu präsentieren – angenommen haben, dass es eine Vision der Sophia oder von Frau Weisheit[xv] ist. Dies würde als Teil der heutigen Neigung einiger populärer Autoren betrachtet werden müssen, die Vorstellung von Sophia verschiedenen Schriften früherer Jahrhunderte zuzuschreiben.[34] Traditionell wird Philosophia eher als eine Verkörperung der Liebe zur Weisheit gesehen, der Boethius sich widmen muss.

Von frühster Kindheit an bis zu ihren letzten Tagen empfing die deutsche christliche Nonne Hildegard von Bingen (1098–1179) Visionen des Göttlichen. Sie interpretierte sie als Visionen des „Lebendigen Lichts", obwohl sie auch als Visionen der Frau Weisheit oder Sophias gesehen werden können. Diese Visionen bildeten die Basis einer Reihe außergewöhnlicher Bücher, die ihr wiederum eine Plattform für Kommentare zu den Handlungen ihrer geistlichen als auch weltlichen Zeitgenossen zur Verfügung stellten. Zu diesen Büchern gehören *Scivias*[xvi], *Liber Vitae Meritorum*[xvii] und *Liber Divinorum Operum simplicis Hominis*[xviii].[35] Spät in ihrem Leben hatte Hildegard eine Vision. Hier eine Beschreibung dessen, was aus ihrer Korrespondenz überliefert ist:

> *Als ich im Jahre 1170 nach der Menschwerdung des Herrn lange Zeit auf dem Krankenbett lag, schaute ich – wach an Körper und Geist – eine überaus schöne Erscheinung, welche die Gestalt einer Frau besaß. Von auserlesener Anmut und liebenswerter Lieblichkeit war sie von solcher Schönheit, daß Menschengeist sie überhaupt nicht zu fassen vermöchte. Ihre Gestalt reichte von der Erde bis zum Himmel. Auch funkelte ihr Antlitz von höchstem Glanz. Mit ihren Augen blickte sie zum Himmel. Sie war auch mit einem strahlenden Gewand aus weißer Seide und mit einem Mantel bekleidet, der mit kostbaren Steinen, wie Smaragd und Saphir, und dazu mit kleinen und großen Perlen geschmückt war. An den Füßen trug sie Schuhe aus Onyx. Aber ihr Antlitz war mit Staub bestreut, ihr Gewand an der rechten Seite zerrissen. Auch hatte der Mantel seine erlesene Schönheit verloren. Und ihre Schuhe waren am oberen Teil schwarz geworden.*
>
> *Und sie schrie mit lauter klagender Stimme zur Himmelshöhe hinauf und rief: Höre Himmel, daß mein Antlitz besudelt ist, und trauere, Erde, daß mein Kleid zerrissen ist. Erzittere, Abgrund, daß meine Schuhe schwarz geworden sind. „Die Füchse haben Höhlen und die Vögel des Himmels*

---

[xv] s. z. B. *Sprichwörter* 9:1 (*Gute Nachricht Bibel*), 14:1 (*Menge-Bibel*)
[xvi] eigentlich *Liber Scivias Domini*, dt. Ausgabe: *Wisse die Wege des Herrn*
[xvii] dt. Ausgabe: *Das Buch der Lebensverdienste*
[xviii] dt. Ausgabe: *Welt und Mensch*

*Nester" ... , ich aber habe keine Helfer und Tröster, noch einen Stab, auf den ich mich lehnen und stützen könnte.*[36, 37]

**Abb. 3: Hildegard beim Empfang und der Niederschrift ihrer Visionen**

Miniatur aus dem Rupertsberger Codex (ca. 1175) des *Liber Scivias Domini*

Diese Vision hat einige offensichtliche Ähnlichkeiten zur früheren Vision von Boethius aus dem sechsten Jahrhundert, wobei die Parallelen zwischen den beiden bemerkenswert sind. Für Hildegard wird das Bild zu einer Metapher für Probleme im Zusammenhang mit Sittlichkeit und Bestechlichkeit der weltlichen irdischen Kirche, wie es bereits in ihren Visionen von „Ecclesia" (z. B. in *Scivias* 2:3) erwähnt wurde. Für Boethius stellt das Bildnis Philosophia und die Vernachlässigung der Vernunft durch seine Zeitgenossen dar. Obwohl Hildegard sich in ihrem Verständnis göttlicher Weisheit auf biblische Bilder stützt, kann man behaupten, dass ihre Vision von der Erinnerung an eine Beschreibung der früheren Erscheinung von Boethius beeinflusst war.

Bestimmt war Boethius' *De Consolatione Philosophiae* in deutschen Klöstern verfügbar und Hildegard hätte von seiner Vision gewusst. Und tatsächlich macht Hildegard zwei Verweise im *Liber Divinorum Operum simplicis Hominis*, die sich auf die Kleidung der Weisheit beziehen und die aufgrund der unreinen Handlungen der Menschen verschmutzt und verwahrlost erscheint. In *Sister of Wisdom* (1987)[xix] erinnert Barbara Newman Hildegards verwahrloste Sapientia an die „Philosophia von Boethius, deren Robe aufgrund der Uneinigkeit der Philosophen zerrissen ist". Auch mit den Gewändern der Natura in Alain de Lilles (ca. 1117 bis ca. 1202) *De Planctu Naturae*[xx] kann sie verglichen werden.[38]

Visionen des Göttlich-Weiblichen als Frau Weisheit oder Sophia waren nicht allein auf jüdische und christliche Überlieferungen beschränkt. Um das zu demonstrieren, wenden wir unsere Aufmerksamkeit jetzt dem großen Sufi-Meister Ibn al-'Arabi (1165–1240) zu.[39] Im spanischen Andalusien in eine einflussreiche und gläubige Familie (zwei seiner Onkel waren Sufis) hineingeboren und ausgebildet in Sevilla – damals ein großes Zentrum islamischer Kultur und Gelehrsamkeit –, lernte der junge Ibn al-'Arabi bei vielen Sufi-Meistern. Darunter waren auch die beiden weiblichen Scheichs Shams von Marchena und Fatima von Cordobas, wobei die letztere wie eine Mentorin für ihn war.[40] Im Jahr 1200 n. Chr. verließ er aufgrund eines Traums Spanien für immer und erreichte im nächsten Jahr Mekka, wo er beim Umrunden der Kaaba auf Nizam traf, eine begabte junge Frau von großer Schönheit. Er sah sie umgeben von einer himmlischen Aura spirituellen Lichts und erkannte, dass sie eine lebende Verkörperung Sophias, der göttlichen Weisheit war. Vielleicht sollte man anmerken, dass einigen zufolge der eigentliche Begriff صُوفِي (*Sufi*) aus dem griechischen σοφία (*sophia*) abgeleitet wurde.[41] Seine Gedichte zum Lobe Nizams als Manifestation der göttlichen Weisheit zogen zwar den Zorn der moslemischen Orthodoxie auf sich, haben jedoch die Erinnerung an sie verewigt. Eins seiner berühmtesten lautet:

> *Verwirrt hat sie alle Gelehrten des Islams, jeden Schüler der Psalmen, jeden jüdischen Rabbi und ebenso alle christlichen Priester.*

In einem anderen Vers, schreibt Ibn al-'Arabi:

---

[xix] *Schwester der Weisheit*
[xx] lat.: *Von der Klage der Natur*

> *Nur an sie zu denken, verletzt schon ihre Subtilität. Wenn das so ist, wie kann sie durch ein so plumpes Organ wie das Auge richtig erkannt werden? Ihr flüchtiges Wunder entzieht sich dem Gedanken und sie existiert jenseits des sichtbaren Spektrums.* [42, xxi]

Ungefähr achtzig Jahre später wird Ibn al-'Arabis Erfahrung von einem christlichen Dichter, dem Italiener Dante Alighieri (1265–1321) wieder aufgegriffen.[43]

Obwohl Dante die junge Beatrice Portinari (1265–1290) im jungen Alter von neun Jahren nur flüchtig erblickt, wurde sie zu seiner Manifestation der weiblichen Weisheit. Zuerst im *Vita Nuova*[xxii], geschrieben Anfang der 1290er Jahre und dann, mit Virgil voran und gefolgt von Bernard von Clairvaux, ist Beatrice in seiner großen *Divina Commedia*[xxiii] eine der drei Führer auf Dantes spiritueller Reise. Im 30. Paradiso-Gesang spricht Beatrice mit Dante, als sie am Eingang zum Himmel stehen:

> *Sprach sie, mit Ton, Gebärd' und Angesichte*
> *Eifrigen Führers froh zu mir: Du bist*
> *Gelangt zum Himmel nun von reinem Lichte,*
>
> *Von geist'gem Licht, das nur ein Lieben ist,*
> *Ein Lieben jenes Gut's, des ewig wahren,*
> *Von Luft, mit der kein Erdenglück sich mißt.*
>
> *Du siehst hier beide Himmelskriegerscharen*
> *Und siehst die ein' in dem Gewande heut,*
> *Wie du sie wirst beim Weltgericht gewahren (30:37–44).*[44]

Zusätzlich zu den Vergleichen mit Ibn al-'Arabis Nizam haben einige Autoren auch den Einfluss von Boethius' Philosophia auf Dante entdeckt.[45]

Auch eine Verflechtung der jüdischen und christlichen mystischen Überlieferungen ist hier von Interesse. In seinem *Mirror of His Beauty* hat Peter Schäfer auf eine „außerordentliche Symmetrie" aufmerksam gemacht. Seiner Ansicht nach besteht sie zwischen den Entwicklungen im Judentum – angefangen mit der biblischen Tradition der Weisheit bis hin zum kabbalistischen *Bahir* des 12. Jahrhunderts – und denen des Christentums – angefangen vom Neuen Testament bis hin zu den Theologen des 12. Jahrhunderts.[46] Während Schäfer bemerkt, dass der Prozess der Reintegration im Christentum langsamer und stufenweise, im Judentum dagegen abrupter vonstattengeht, erreichen ihm zufolge beide ihre

---

[xxi] eigene Übertragung aus der englischen Übersetzung
[xxii] dt. Ausgabe: *Das neue Leben*
[xxiii] dt. Ausgabe: *Die Göttliche Komödie*

Höhepunkte in der zweiten Hälfte des 12. Jahrhunderts in der inzwischen zu Südfrankreich gehörenden Provence – eine Entwicklung, die eindeutig mehr als bloßer Zufall ist.

**Abb. 4: Dante und Beatrice (nach 1480)**

Darstellung aus dem Paradiso-Gesang der *Divina Commedia*
Feder auf Pergament von Sandro Botticelli (1444–1510)[47]

Wie Schäfer bemerkt, repräsentiert die „jüdische und christliche Aussprache von weiblichen Aspekten des Göttlichen" einen Prozess, der „seine Lebenskraft durch gegenseitigen Austausch gewinnt".[48] Und dies gilt in der Tat für die Periode bis hinauf in das 12. Jahrhundert. Von diesem Zeitpunkt an müssen wir jedoch in Betracht ziehen, dass sich die Vorstellung von Weisheit in der jüdisch-mystischen Überlieferung ändert: in der *Kabbala* wird die Weisheit als חכמה (*chochmah*)[xxiv] männlich und die weiblichen Aspekte des Göttlichen werden durch בינה (*binah*)[xxv], die Mutter, und שכינה (*schechina*)[xxvi], die Tochter, repräsentiert.[49] Im Christentum des mittelalterlichen Europas werden die weiblichen Aspekte des Göttlichen durch eine Vielfalt von Formen dargestellt. Dazu gehören sowohl die

---

[xxiv] oder auch חוכמה
[xxv] hebr.: Verstand, Einsicht
[xxvi] hebr.: ehemals die geschlechtsneutrale Präsenz des Göttlichen, die Einwohnung Gottes oder auch Gott selbst

griechischen Göttinnen als auch die Vorstellung von „Jesus als Mutter", wie sie von christlichen Mystikern wie Juliana von Norwich (ca. 1342 bis nach 1416) und Heinrich Seuse (1295–1366) vertreten wird.[50]

Darstellungen des Göttlich-Weiblichen tauchen auch in der mittelalterlichen christlichen Literatur Europas auf. Barbara Newman hat diese 2003 detailliert in *God and the Goddesses*[xxvii] untersucht und fortlaufende Kapitel der Natura, Caritas und Amor, der Sapientia und anderen gewidmet. Drei Beispiele bekannter Autoren ihrer Zeit möchte ich hier vorstellen, die als Visionen des Göttlich-Weiblichen gesehen werden können.

Schon zu seinen Lebenszeiten als Prediger, Gelehrter und Philosoph berühmt, ist der flämische Theologe Alain de Lille[xxviii] heute noch am besten für seine beiden episch-allegorischen Gedichte bekannt.

**Abb. 5: Alanus ab Insulis (ca. 1117–1202)**

*De Planctu Naturae* (1160–1172) hat Boethius' *De Consolatione Philosophiae* zum Vorbild, befasst sich mit dem Konflikt zwischen Gefühl und Verstand und beinhaltet eine Beschreibung der Göttin:

> *Während ich in sorgenvoller Klage diese Distichen immer und immer wiederholte, glitt eine Frau aus dem inneren Palast der leidenschaftslosen Welt herab und beeilte sich, zu mir zu kommen. Ihr Haar funkelte nicht durch erbetteltes, sondern durch eigenes Licht und stellte nicht nur ein*

---

[xxvii] *Gott und die Göttinnen*, s. S. 9
[xxviii] auch Alanus ab Insulis genannt

> *einfaches Abbild der Strahlen dar, sondern übertraf es mit seinem angeborenen Glanz. Auf einem Sternenleib bildete es das Haupt eines Mädchens ab und wurde von zwei lose herabhängenden Zöpfen geteilt. Sie ließen weder die oberen Teile unbedeckt, noch war es unter ihrer Würde, dem Boden mit einem Kuss ein Lächeln zu schenken.*[51, 52]

Der Autor beschreibt hier ziemlich ausführlich die Schönheit dieser göttlichen Besucherin und eine andere derartige Darstellung kommt im *Anticlaudianus de Antirufino* (1181–1184)[xxix] vor, worin die Reise der Weisheit geschildert wird:

> *O himmlische Königin und Göttin, Tochter des allerhöchsten Künstlers. Dein göttliches Gesicht lehrt uns, dass du unvergänglich bist und auch den Makel unseres Geschlechts nicht beklagst. Es weist dich als Göttin und dein Zepter dich als Königin aus; und deine Herrlichkeit offenbart, dass du von Gott geboren bist. Die Wohnstätten der Götter stehen dir offen und die himmlischen Wege, die Grenzen des Olymps, die Sphären jenseits unserer Welt, das Reich des Donnerers – und der Thron Gottes und das Schicksal jenseits davon ...*[53, 54]

In diesem Text ist de Lille dem französischen Gelehrten Bernard Silvestris (12. Jahrhundert, möglicherweise 1085–1178) und seiner *Cosmographia* (1145–1156) zu Dank verpflichtet.[55]

Der italienische Dichter, Philosoph und Biograf Francesco Petrarca (1304–1374) ist eine herausragende Figur der humanistischen Philosophie und der frühen italienischen Renaissance. In seinem bekanntesten Werk *Secretum meum*[xxx], besucht eine göttliche Dame den Schriftsteller:

> *Unlängst war ich ganz gedankenversunken und dachte eindringlich darüber nach, wie ich in dieses Leben eingetreten war und wie ich es verlassen würde. Da geschah es mir, daß mich nicht etwa der Schlaf überwältigte, wie er es mit angegriffenen Geistern zu tun pflegt, sondern daß auf unbekannten Wegen an mich in meinem unruhigen und hellwachen Zustand eine Frau herangetreten zu sein schien. Sie war von unsagbarem Lebensalter und Glanz und von einer Gestalt, wie sie die Menschen nur unzulänglich begreifen können. Ihr Gewand und ihr Gesicht ließen aber eine Jungfrau erkennen. Während ich also betäubt war vom Anblick des ungewohnten Lichts und es nicht wagte, meine Augen gegen die Strahlen zu erheben, die die Sonne ihrer Augen verströmte, sagte sie zu mir: „Habe keine Angst und gerate nicht in Verwirrung vor meiner ungekannten Erscheinung. Ich habe Mitleid mit deinen Irrwegen bekommen,*

---

[xxix] dt. Ausgabe: *Anticlaudian*
[xxx] dt. Ausgabe: *Mein Geheimnis*

*und so bin ich aus der Ferne herabgestiegen, um dir rechtzeitige Hilfe zu bringen.*[56]

**Abb. 6: Petrarch und Laura**

aus einem Manuskript des 15. Jahrhunderts[57]

Diese göttliche Dame steht in der Tradition von Boethius und seiner Frau Philosophia. Man muss auch zur Kenntnis nehmen, dass – wie Dante seine Beatrice – auch Petrarch eine irdische Muse hatte, eine Frau, die er 1327 in Avignon kennenlernte und Laura nannte. Ist Laura – wie es Paul Olson diskutiert – ein literarischer Kunstgriff und wurde von Petrarch nur eingeführt, um als seine, der Wahrheit verpflichtete, Lehrerin zu agieren? Eine andere Lesart würde diesen Auszug wörtlicher interpretieren, nämlich als Bericht über eine visionäre Erscheinung der göttlichen Weisheit, die einen ihrer Anhänger anleitet.[58]

Für eine dritte Beschreibung des Göttlich-Weiblichen können wir uns Christine de Pizan (1364–1430), einer Intellektuellen und mit dem französischen königlichen Hof verbundenen Schriftstellerin zuwenden, die durch ihre Schriften ein unabhängiges Leben erreichte. In ihrem 1403 erschienenen und auf dem Vorbild von Boethius beruhenden *Le Livre de la Mutacion de Fortune*[xxxi] beschreibt de Pizan ihre Mutter, die aber keine gewöhnliche ist:

> *Trotz der Tatsache, dass er so viel gelernt hatte, übertraf meine Mutter, die groß und imposant und tapferer als Penthesilea*[xxxii] *war – Gott hatte sie wohl erschaffen! –, meinen Vater an Kenntnissen, Macht und Wert. Vom Moment ihrer Geburt an war Sie eine gekrönte Königin und jeder kennt ihre Macht und Stärke. Niemals ist Sie müßig und, ohne hochmütig zu sein, ständig mit vielen verschiedenen Aufgaben beschäftigt. Überall sind ihre eindrucksvollen Werke zu finden und jeden Tag erschafft Sie davon viele und schöne. Wollte man zählen, was Sie getan hat und fortlaufend tut, würde man nie zum Ende kommen. Alt ist Sie, doch ohne alt zu sein, und vor dem Jüngsten Gericht kann ihr Leben nicht enden. Gott machte es ihr zur Aufgabe, die Welt wie Er sie erschaffen hatte, aufrechtzuerhalten und zu erhöhen, um menschliches Leben zu stützen und sie wird Frau Natur genannt. Sie ist die Mutter eines jeden Menschen und deshalb nennt Gott uns alle Brüder und Schwestern.*[59, xxxiii]

In dieser Darstellung stellt die Autorin ihrem deutlich als natürlich beschriebenen Vater die Beschreibung von Frau Natura, ihrer ebenso deutlich als göttlich geschilderten Mutter, gegenüber.

Kürzlich hat die feministische Theologin Bonnie A. Birk meiner Ansicht nach überzeugend gezeigt, dass die biblische weibliche Weisheit, wie sie besonders im *Buch der Weisheit* zu finden ist, durchweg mit verschiedenen weiblichen Gestalten in Christine de Pizans literarischem Werk gleichgesetzt werden kann. Dazu gehören z. B. die Othea in *L'Epistre d'Othèa* (ca. 1400)[xxxiv], die Sapientia, die Philosophia und die Sainte Theologie in *Le Livre de l'advision Christine* (1405)[xxxv], das sich entscheidend auf *De Consolatione Philosophiae* von Boethius stützt. Außerdem sind Raison, Droitture und Justice in *Le livre de la Cité des Dames* (1405)[xxxvi] zu nennen. Während Birk die früheren Werke von Peter

---

[xxxi] franz.: *Das Buch von der Verwandlung des Glücks*
[xxxii] Griechische Halbgöttin und Gestalt aus dem Trojanischen Krieg, Tochter des Ares (Gott des Krieges) und der Osere (Königin der Amazonen) und selbst Königin der Amazonen
[xxxiii] eigene Übertragung aus der englischen Übersetzung
[xxxiv] franz.: *Der Brief der Othea*
[xxxv] franz.: *Das Buch der Visionen Christines*
[xxxvi] dt. Ausgabe: *Das Buch von der Stadt der Frauen*

Dronke und Barbara Newman anführt, kann ihr zufolge Christine die weibliche Weisheit auch als autonomes göttliches Wesen betrachtet haben.[60]

**Abb. 7: Christine de Pizan (15. Jhd.)**

an ihrem Schreibtisch[61]

Wenn sich der deutsche Dominikaner Heinrich Suso oder Seuse (ca. 1295–1366) auf die ewige Weisheit im Weiblichen bezieht, dann spricht er von seiner Hingabe an den leidenden Jesus, dem gekreuzigten Christus. In seinem bekanntesten Werk, dem *Horologium Sapientiae*[xxxvii], das 1334 fertig gestellt wurde, schwankt Seuse zwischen zwei Arten der göttlichen Liebesaffäre. Wie er selbst im Prolog erklärt,

---

xxxvii dt. Ausgabe: *Stundenbuch der Weisheit*

> *wechselt auch der Stil gemäß der Materie. Bald führt er den Gottessohn als einen Bräutigam der andächtigen Seele ein; dann führt er denselben als die mit dem gerechten Manne vermählte Ewige Weisheit vor.*[62]

Newman fasst dies prägnant zusammen:

> *Manchmal spricht der Schriftsteller als weibliche Seele, die sich nach ihrem göttlichen Bräutigam sehnt, aber öfter noch als männlicher Jünger, der von der Liebe zu seiner himmlischen Braut hingerissen ist.*[63]

Die erste Rolle blickt auf die durch Bernard von Clairvaux (1090–1153) bekannte Tradition der männlichen Brautmystik zurück, die sich schnell von den deutschen Nonnen zu eigen gemacht wurde. Beispiele dafür müssten die Visionen der Mechthild von Magdeburg (ca. 1210? bis ca. 1282) in ihrem *Das fließende Licht der Gottheit* nennen, ebenso wie die der Gertrud von Helfta (1256 bis ca. 1301) in *Legatus divinae pietatis*[xxxviii] und ihren *Exercitia spiritualia*, den *Geistlichen Übungen*.[64] Die zweite Rolle verweist auf die Hingabe an Sophia, der man in den Schriften Böhmes und seiner Nachfolger im 17. Jahrhundert begegnet, und die im folgenden Kapitel näher betrachtet wird.

Im Kapitel 6 des *Horologiums* schafft Seuse unter dem Untertitel „Wie die göttliche Braut, die Ewige Weisheit, beschaffen ist, und von der Beschaffenheit ihrer Liebe"[65] eine romantische Szene, in der er als junger Mann an einem Frühlingsmorgen durch eine Wiese voller Blumen schlendert. Doch die „menschlichen Blumen" verwelken vor seinen Augen und lassen ihn fassungslos zurück. Als er über die Vergänglichkeit der weltlichen Seligkeit meditiert, empfängt er eine weitere Vision:

> *Eines Tages, als mein unruhiger Geist um sich blickte und wie ein junger Hirsch einen schattigen Ort zum Ruhen suchte, um der Mittagshitze auszuweichen; siehe, da erschien gerade gegenüber, oben auf einem hohen Standort, eine meine Aufmerksamkeit erregende und herrlich anzusehende Feldblume und schien unvergleichlich viel schöner als alle Blumen, welche ich je gesehen hatte. Als ich, um sie anzusehen, zu ihr geeilt war, siehe, da blieb sie plötzlich nicht unverändert, sondern da stand gleichsam die Göttin aller Schönheit vor mir, welche rosenrot und schneeweiß strahlte. Sie glänzte heller als Sonne im Gold und sprach schöne Worte. Sie stellte die Summe alles Wünschenswerten dar, und mit süßestem Duft, den sie nach Art der Panther weit und breit überall um sich verteilte, zog sie alle zu ihrer Liebe und sprach mit sanfter Stimme: Kommt zu mir, ihr, die ihr mich begehrt, und labt euch an meinen*

---

xxxviii dt. Ausgabe: *Gesandter der göttlichen Liebe*

> *Früchten. Ich bin die Mutter der schönen Liebe, der Frucht, der Erkenntnis und der heiligen Hoffnung.*[66, xxxix]

Diese Dame gibt sich als Ewige Weisheit zu erkennen und verwendet die Worte Salomons aus dem *Buch der Sprüche* und dem *Hohelied* und ruft aus:

> *Ach, sieh, ich bitte dich, nun im Jubel deines Geistes, wie leicht ich für eine reine Seele zu lieben bin, wie schön zu umarmen und wie höchst ergötzlich zu küssen! O süßer und wertvoller Kuß, voller Verlangen gedrückt auf honigfließende Lippen! O wie selig ist die Seele, der dies gewährt war, und sei es in ihrem ganzen Leben auch nur ein einziges Mal! Müßte sie deswegen auch sterben, das fiele ihr nicht schwer.*[67, 68]

Die Vorstellung eines göttlichen Kusses,[69] der möglicherweise ein höchstes Opfer fordert, wird, wie wir im folgenden Kapitel sehen, von den theosophischen Anhängern Sophias im 17. und 18. Jahrhundert wieder aufgegriffen.

## Zusammenfassung

Beginnend mit dem *Buch der Sprichwörter* im achten Jahrhundert v. Chr. bis hin zu Seuse und seinen Zeitgenossen im 14. und frühen 15. Jahrhundert n. Chr., habe ich in diesem ersten Kapitel versucht, einen Überblick der weiblichen Weisheit zu geben. Dabei habe ich die göttlichen Manifestationen, die in Visionen und Träumen empfangen und in vielen schriftlichen Formen festgehalten wurden, besonders betont. In der genannten Periode beschreibt ein Großteil der erhalten gebliebenen Literatur das Göttliche mit männlichen Begriffen als allmächtigen Gott, der fähig ist, seine Autorität *über* die Natur geltend zu machen. In der weisheitlichen Überlieferung jedoch wird die Weisheit mit femininen Begriffen präsentiert, die *mit* der Natur arbeitet. Folglich kann man behaupten, dass die Schilderungen weiblicher Weisheit, denen man in diesem Zeitabschnitt und besonders im Mittelalter begegnet, alternative und sichere Ausdrucksformen einer matriarchalischen Sichtweise des Göttlichen im zunehmend steiferen und autoritäreren Patriarchat der christlichen Kirche ermöglichten.

---

[xxxix] *Sirach* 24:19,18 in der Einheitsübersetzung. Vers 18 ist in eine Fußnote verlegt. In der *Vulgata*: *Sirach* 24:26, 24

Sophia und weibliche Weisheit

**Abb. 8: Heinrich Suso (Seuse)**

Spätere Darstellung auf einem Holzschnitt (15. Jdh.)[70]

## 2 Von Böhme bis Goethe – Visionen der Sophia im frühen modernen Europa

Die Visionen der Sophia im 17. Jahrhundert waren – so wie sie von christlich-protestantischen Theosophen in Deutschland und England erfahren wurden – in hohem Maße individueller Natur. Vielleicht war diese Reflexion einer eher privaten Religion eine Reaktion auf die fast ununterbrochen im Namen der Religion geführten Kriege dieser Zeit. Besonders der Protestantismus bereitete einer beträchtlichen Sektiererei den Weg, die häufig auf den Lehren von charismatischen Lehrern gründete: Lutheraner, Kalvinisten und andere beharrten alle auf der absoluten Richtigkeit ihrer einzigartigen theologischen Perspektive. Im Gegensatz dazu waren die Anhänger der sophinistischen bzw. weisheitlichen Tradition ausgesprochene Nichtsektierer, da sie sowohl auf individuellem als auch kollektivem geistigen Erwachen und einer ebensolchen Praxis bestanden. Dieses Kapitel befasst sich mit Visionen Sophias, die seit Beginn des 17. bis ins frühe 19. Jahrhundert empfangen wurden.

Der amerikanische Historiker Arthur Versluis hat dies in *Wisdom's Children* (1999) als die protestantisch-theosophische Tradition beschrieben. Jedoch scheint er diese Einschätzung kurz nach der Veröffentlichung noch einmal überdacht zu haben und erkennt in *Wisdom's Book* (2000) an, dass es auch katholische Theosophen gab. Auch der führende französische Wissenschaftler der westlichen Esoterik, Antoine Faivre, hat den deutschen Katholiken Franz von Baader (1765–1841) kürzlich als "den bedeutendsten Theosophen des 19. Jahrhunderts beschrieben".[71] Natürlich sollte man beachten, dass diese christlichen Theosophen keine unmittelbaren Verbindungen zu den späteren Theosophen der besser bekannten Theosophischen Gesellschaft gegen Ende des 19. Jahrhunderts in England und ihren Ablegern in Indien, den USA und anderswo haben.[72]

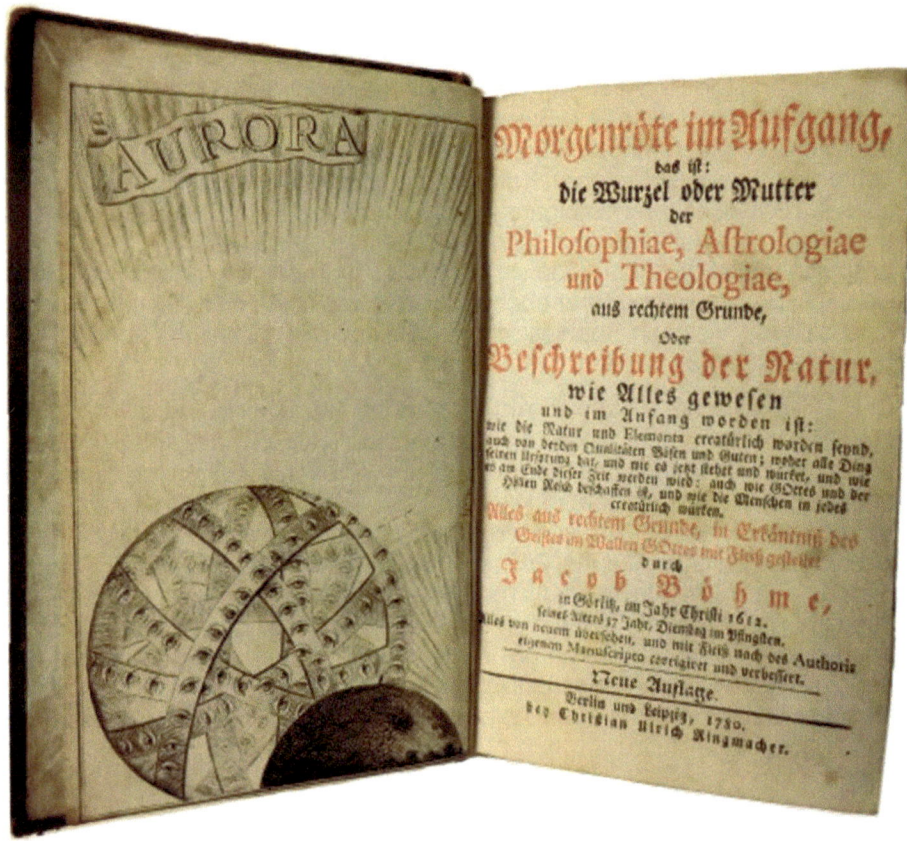

**Abb. 9: *Aurora* oder die *Morgenröte im Aufgang* (1612)**

Hier ein Blick in eine Neuauflage aus 1780 von Jacob Böhmes Erstlingswerk[73]

# Von Böhme bis Goethe – Visionen der Sophia im frühen modernen Europa

In den Schriften des deutschen christlichen (und namentlich lutherischen) Mystikers Jacob Böhme (1575–1624) stoßen wir auf die Anfänge des heutigen Verständnisses von Sophia. Für seine einzigartige theologische Synthese orientierte er sich dabei ebenso an den frühen hermetischen und jüdisch-kabbalistischen mystischen Überlieferungen wie an seiner eigenen Introspektion.[74]

Böhme konstruierte eine komplizierte Theologie, die in seinem Glauben an ein universales Prinzip gründete und sowohl die Ewige Natur als auch die Weisheit in ihrer weiblichen Form als Sophia einbezog. Um einen Überblick seines Glaubens zu erhalten, können wir uns dem französischen Mystiker des 18. Jahrhunderts, Graf Louis Claude de Saint Martin zuwenden:

> *Jacob Böhme betrachtete die Existenz eines Universalen Prinzips als selbstverständlich. Er war überzeugt davon, dass alles in der gewaltigen Kette von Wahrheiten miteinander verbunden ist und dass die Ewige Natur auf sieben Prinzipien beruhte oder basierte. Diese hat er manchmal Kräfte, Formen, spirituelle Räder, Quellen oder Fontainen genannt und sie existieren eingeschränkt auch in dieser ungeordneten materiellen Natur. Seine für diese grundsätzlichen Zusammenhänge angenommene Nomenklatur setzte sich folglich erstens zusammen aus dem Zusammenziehen, zweitens der Galle oder Bitterkeit, drittens der Qual, viertens dem Feuer, fünftens dem Licht, sechstens dem Klang und siebtens dem von ihm sogenannten WESEN oder der Sache selbst.*[75]

Böhmes Symbolik der Sophia als ewige Reflexion Gottes erinnert an die kabbalistische Wahrnehmung der שכינה (*schechina*)[xl], ursprünglich der „Anwesenheit Gottes". In den Texten der *Kabbala*, wie im *Sefer ha-Zohar* aus dem 13. Jahrhundert, sind die sechs männlichen Aspekte חסד (*chesed*)[xli], גבורה (*gevurah*)[xlii] oder דין (*din*)[xliii], תפארת (*tiferet*)[xliv], הוד (*hod*)[xlv], נצח (*netzach*)[xlvi] und יסוד (*jessod*)[xlvii] im siebten, dem weiblichen שכינה (*schechina*) widergespiegelt. In den ersten Monaten des Jahres, das sich als sein letztes Lebensjahr (1624) herausstellte, fasste Jacob Böhme seine Ideen für seine Freunde und Anhänger

---

[xl] hebr.: göttlicher Geist, Schechina, Gegenwart Gottes; s. a. S. 35
[xli] hebr.: Freundlichkeit, Liebe, Barmherzigkeit, Gnade, Gunst, Treue, bisweilen auch גדולה (*gedulah*, hebr.: Größe, Ehre, Langmut)
[xlii] hebr.: Heldenmut, Kraft, Heldentat
[xliii] hebr.: Recht, Gericht, Gesetz
[xliv] hebr.: Glanz, Pracht; Ruhm, Ehre
[xlv] hebr.: Herrlichkeit, Pracht
[xlvi] hebr.: Ewigkeit, Endlosigkeit, Unbegrenztheit, Unendlichkeit
[xlvii] hebr.: Grundlage, Basis, Fundament, Element, Urstoff

im *Clavis*[xlviii] zusammen. Wenn er die Ewige Natur und ihre sieben Eigenschaften behandelt, macht er deutlich, dass die siebte die anderen sechs enthält:

> *Die siebende Eigenschafft ist das Subjectum oder Umbfluß der andern sechs Eigenschafften / darinnen sie wircken / wie das Leben im Fleisch / und heisset billich die Siebende / der Grund oder die Stätte der Natur / darinnen die Eigenschafften in einem Grund stehen.*[76, 77]

Wenn Böhme die siebte Eigenschaft im Detail behandelt, betont er nochmals diese Verflechtung:

> *Die siebende Eigenschafft ist das Wesen / als ein Subjectum oder Gehäuse der andern sechs / darinnen sie alle wesentlich sind / wie die Seele mit dem Leibe / und ist fürnemlich nach der Liecht-Welt das Paradeiß oder Grünen der würckenden Krafft damit zu verstehen / denn eine jede Eigenschafft machet ihr ein Subjectum oder Gegenwurff mit ihrem selbst Außfluß / und in der siebenden stehen alle Eigenschafften im temperamento, als in einem einigen Wesen: Gleich wie sie auß der Einheit alle entspringen / also gehen sie wieder alle in einen Grunde ein …* [78, 79]

Es ist bekannt, dass Böhme die *Kabbala* zusammen mit Balthasar Walther, dem deutschen Arzt studierte, der Direktor des Kurfürstlichen Chemischen Labors in Dresden wurde.[80]

Die Geschichte porträtiert Jacob Böhme als den „Schuster von Görlitz", was tatsächlich sein ursprüngliches Gewerbe war. Von fanatischen Lutheranern von dort vertrieben, wurde er jedoch zu einem wandernden Tuchhändler, der überall im deutschsprachigen Raum umherreiste und viele Freunde beim Adel und der städtischen Elite hatte.[81] Mit Hilfe dieser Kontakte erforschte er alchimistische Ideen und die hermetische Symbolik, wobei er auch die Werke mehrerer Schriftsteller wie die des als Paracelsus bekannten, schweizerischen spirituellen Alchimisten Phillipus T. Bombastus A. von Hohenheim (ca. 1493–1541) verwendete.[82]

---

[xlviii] dt. Ausgabe: *Clavis oder der Schlüssel etlicher vornehmen Puncten …* (s. Litverz.)

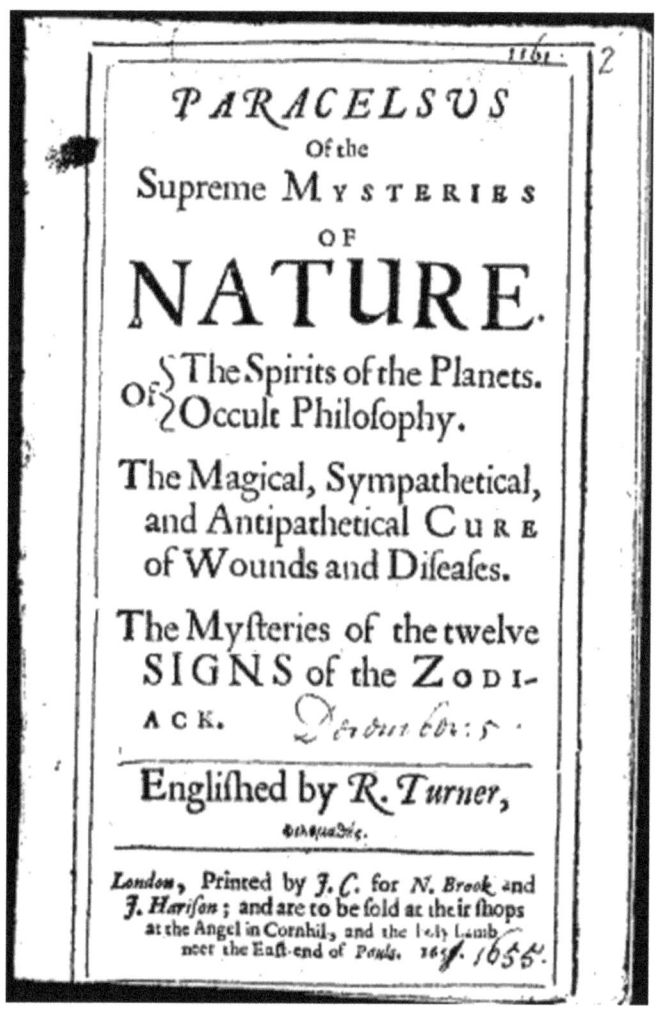

**Abb. 10: Paracelsus über die höchsten Mysterien ...**

... der Natur, den Geist der Planeten, okkulte Philosophie, die sympathische
und antipathische Heilung von Wunden und Krankheiten
und die Mysterien der 12 Tierkreiszeichen des Zodiaks.
Hier eine englische Ausgabe von R. Turner (London: J. C., 1655).

Böhmes Vorstellung von den sieben Ursprungsgeistern, die die Ewige Natur, das materielle Gegenstück zur Jungfrau Weisheit formen, hat Parallelen zu den früheren Ideen von Paracelsus über die Essenz der Natur in Bezug auf die vier Gebärmütter (*matrices*[xlix]) des Feuers, der Luft, des Wassers und der Erde sowie einem dreiteiligen Prinzip, das die Dreieinigkeit (Vater, Sohn und Heiliger Geist) widerspiegelt. Für Paracelsus besteht ein Mensch aus drei Essenzen: Körper, Seele und Geist, die alchimistisch gesehen den Elementen Salz, Schwefel und Quecksilber entsprechen. In seiner *Philosophia ad Athenienses* schreibt er:

> *dise materia aller ding ist mysterium magnum*
> 
> ...
> 
> *wie von einer muter kinder geboren werden, also auch vom mysterio magno geboren seind alle geschöpf von entpfintlichen und unentpfintlichen und aller andern gleichförmig, und ist mysterium magnum ein einige muter aller tötlichen ding.*[83, 84]

Jacob Böhme bezieht sich in *Von der Menschwerdung Jesu Christi* auf "sieben Mütter, daraus das Wesen aller Wesen urständet".[85, 86]

Eine der Schlüsselvorstellungen in der theosophischen Überlieferung ist der Begriff der geistigen Ehe der Seele oder des Bräutigams mit Sophia. Deutlich auf früheren deutschen mystischen Überlieferungen basierend und wie im vorherigen Kapitel erwähnt, behandelt Böhme dieses Thema in *Christosophia oder Dem Weg zu Christo* (1624), dem einzigen Buch, das zu seinen Lebenszeiten veröffentlicht wurde. In diesem Buch wendet sich Böhme an die Seele als geistige Sucherin:

> *Liebe Seele / zu diesem gehöret Ernst / es muß nicht nur eine Erzehlung solcher Worte seyn / der ernste vorgesetzte Wille muß das treiben / oder wird nicht erlanget werden. Dann / will die Seele Christi Ritterkränzlein von der edlen Sophia erlangen / so muß sie in grosser Liebes=Begierde mit ihr darum buhlen; sie muß sie / bey ihrem allerheiligsten Namen darum bitten / und in gar grosser züchtiger Demuth für sie tretten ...*[87, 88]

An späterer Stelle berichtet Böhme in diesem Werk über ein Gespräch zwischen Sophia und der Seele, das möglicherweise auf einer Vision basiert. Sophia beginnt zur Seele zu sprechen:

> *O mein Bräutigam, wie ist mir so wohl in deiner Ehe /... / Alle heilige Engel erfreuen sich jetzt mit uns / daß sie uns wieder in der Ehe sehen. Nun mein lieber Buhle / bleib doch in meiner Treue / und wende dein Angesichte nicht mehr von mir / würcke du in meiner Liebe deine Wunder / darzu dich GOtt erwecket hat.*[89, 90]

---

[xlix] lat.: Mütter

Im Kapitel „Die Seele spricht ferner zu der Edlen Sophia" antwortet Böhme an Stelle der Seele:

> *Ach du meine schöne und süsse Gemahlin / was soll Ich vor dir sagen! ... / Ich hatte deine süsse Liebe verschertzt / und dir meine Treu nicht gehalten / dadurch ich war in ewige Straffe gefallen:*
> *Weil du aber bist aus Liebe zu mir in die Höllen=Angst kommen / und hast mich von Pein erlöset / auch wieder zum Gemahl angenommen / so will ich jetzt um deiner Liebe willen / meinen Willen brechen / und dir gehorsam seyn / und auf deine Liebe warten: Ich habe nun genug / daß ich weiß / daß du in allen Nöthen bey mir bist / und mich nicht verlässest. O holdseliges Lieb! Ich wende mein feuriges Angesichte zu dir. O schöne Krone / hole mich doch balde in dich / und führe mich aus der Unruhe / ich will ewig dein seyn / und nimmermehr von dir weichen."*[91]

*Die Edle Sophia antwortet der Seelen ganz tröstlich und spricht:*

> *„Mein edler Bräutigam / sey getrost / ich habe mich mit dir verlobet / in meiner höchsten Liebe / und in meiner Treue mit dir verbunden: Ich will alle Tage biß an der Welt Ende / bey und in dir seyn / ich will zu dir kommen / und Wohnung in deinem innern Chor in dir machen / du sollst aus meinem Brünnlein trincken / dann ich bin nun dein / und du bist mein ..."*[92,][93]

Dieses Verständnis von Sophia als Gemahlin stellt ein Schlüsselelement in den Schriften der späteren Theosophen dar, insbesondere bei den deutschen Theosophen Johann Georg Gichtel (1638–1710) und Gottfried Arnold (1666–1714).

## Sophia in England

Im 17. Jahrhundert gab es mehrere englische Schriftsteller, die über die Weisheit im traditionellen biblischen Sinn als Sophia schrieben. Dazu gehören z. B. die Schriften des englischen Benediktinermönchs (und folglich katholischen) Vater Augustine Bakers (1575–1641), der den größten Teil seines Lebens im Kloster Douay in Frankreich verbrachte. Sein Hauptwerk, *Sancta Sophia*[I], wurde posthum 1657 in Douay veröffentlicht.[94]

Auch der wenig bekannte englische Rektor Matthew Fowler (ca. 1617–1683) hielt in Shrewsbury eine Predigt über die biblische Weisheit, die in einer Druckschrift

---

[I] lat.: *Die Heilige Sophia*

als *E'Anothen Sophia, or, The Properties of Heavenly Wisdom*[li] veröffentlicht wurde.[95]

In der Bodleian Library der Oxford University[lii] ist eine einzigartige Kopie der Robert Ayshford zugeschrieben *Aurora Sapientiae or The Dawn of Wisdom* (1629)[liii] hinterlegt, die die Existenz eines theosophischen Zirkels in England in den 1620er Jahren offenbart. Damit datiert sie das Auftauchen des ersten großen englischen theosophischen Kreises um John Pordage in den 1650er Jahren um mehrere Jahrzehnte zurück. Dieses Buch bezieht sich auf die Weisheit als weiblich und erklärt drei Grundsätze „des Mysteriums der Weisheit": 1. Generalia, als die Natur und das Element; 2. Specialia, als der Geist, der Wind, und das Wasser; 3. Particularia als Körper, Leben und Geist und verbindet sie mit Licht und Liebe:

> *Alle Dinge gehen aus diesen Grundsätzen hervor und durch sie sind alle Dinge gemacht worden. In ihnen existieren alle Dinge, sind bekannt und verkündet und mit ihrer ganzen Zahl enthalten in ihrer Harmonie.*[96]

Obwohl die *Aurora Sapientiae* ein Werk ist, das man als zeitgenössisch mit Jacob Böhme (1575–1624) bezeichnen kann und viel mit seinen Werken gemein hat, enthält sie keine unmittelbaren Referenzen auf ihn. Wie Versluis zu Recht bemerkt, haben wir die Wahl, in der *Aurora* einen äußerst frühen englischen Spross der deutschen Theosophie zu sehen oder eine originale englische Theosophie, die unabhängig von Böhme erscheint und eine ähnliche Sprache gebraucht.[97]

## John Pordage (1607–1683) und sein Kreis

Die nächste theosophische Manifestation in England erscheint im Bradfield, Berkshire, der 1650er Jahre mit dem anglikanischen Minister John Pordage und seinem Kreis der mystischen Frauen. Pordage war dort der örtliche Pfarrer und das Pfarrhaus wurde zu einem Treffpunkt mehrerer lokaler Fundamentalisten.

Pordages Kreis hatte Kontakte zu anderen radikalen Mystikern und kann als Knotenpunkt eines weit geknüpften Netzwerks betrachtet werden, das sich über ähnliche Gruppen in London und anderswo erstreckte. Viel von dem, was über diesen Bradfield-Zirkel bekannt ist, ist tatsächlich auf die Opposition eines konkurrierenden konservativen Netzwerks zurückzuführen, zu dem Presbyterianer[liv]

---

[li] *E'Anothen Sophia oder Die Eigenschaften der Göttlichen Weisheit*
[lii] Die offiziell nach Thomas Bodley benannte Bodley's Library ist die Hauptbibliothek der Universität Oxford und heute die zweitgrößte Bibliothek des Vereinigten Königreiches.
[liii] *Aurora Sapientiae oder Die Morgenröte der Weisheit*
[liv] stellen den größten Zweig der reformierten Kirchen und leiten sich vom Calvinismus ab, wie er von den schottischen Reformatoren John Knox und Andrew Melville (1545–1622)

aus Berkshire und andere Konservative gehörten und die von dem Geistlichen Christopher Fowler (1613–1677) aus Reading angeführt wurden.⁹⁸ Letzterer arrangierte 1654 Pordages Hinauswurf in Bradfield. Obwohl nach der Restauration[lv] wieder in sein Amt eingesetzt, hielten sich Pordage und seine Gruppe jedoch im Hintergrund und verlagerten ihren Sitz nach dem Tod seiner ersten Frau 1668 nach London.

Pordages Zeitgenossen und einige spätere Historiker sahen in ihm einen Schüler Böhmes, was mir aber ein Missverständnis zu sein scheint. Ich bevorzuge es, John Pordage als Mystiker zu sehen, der die Schriften eines früheren „verwandten Geistes" anerkannte und tatsächlich in großen Teilen mit Böhmes theoretischem Rahmen übereinstimmte. Sein spirituelles Verständnis basierte jedoch dennoch auf seiner individuellen Introspektion und Meditation. Dass Pordage mehr als „nur" ein *behemist*[lvi] war, wird aus einem undatierten Brief an eine Dame deutlich. Er trägt den Titel „A Philosophical Epistle on the True Stone of Wisdom to One Who is Earnestly Digging"[lvii] und beschreibt die Suche nach spirituellen Erkenntnissen mit Hilfe alchimistischer Begriffe.⁹⁹

Pordage schrieb sein ganzes Leben lang im Wesentlich auf Englisch, doch haben diese Manuskripte nicht überdauert. Übersetzt wurden jedoch einige als deutsche Ausgaben veröffentlicht. Seine einzigen Veröffentlichungen auf Englisch sind *A treatise of Eternal Nature with Her seven eternal Forms* (London, 1681) und *Theologia mystica* (London, 1683). Auch seine Verteidigung in den Ausweisungsverhandlungen ist vorhanden: *Innocencie Appearing Through the Dark Mists of Pretended Guilt* (London, 1655)[¹⁰⁰, lviii]. Zu seinen anderen Werken, geschrieben auf Englisch und übersetzt ins Deutsche, gehören *Sophia*, wahrscheinlich geschrieben in London 1675 und veröffentlicht in der deutschen Übersetzung in Amsterdam 1699, „Ein Gründlich philosophisch Sendschreiben vom rechten und wahren Steine der Weißheit" (Amsterdam, 1704), *Göttliche und Wahre Metaphysica* (Frankfurt, 1715) und *Vier Tractätlein* (Amsterdam, 1704).¹⁰¹

---

vertreten wurde. Das besondere Kennzeichen des Presbyterianismus ist eine bestimmte Art der Kirchenverfassung, die sie allerdings mit anderen reformierten Kirchen teilen.
lv Hier ist die sogenannte Stuart-Restauration, die Wiederherstellung der englischen Monarchie gemeint, die 1660 begann.
lvi engl.: Böhmist, *behemist*: die zeitgenössische englische Bezeichnung für einen Anhänger Böhmes
lvii Ein Gründlich philosophisch Sendschreiben ... (s. u.)
lviii „Eine Abhandlung über die Ewige Natur in Ihren sieben ewigen Gestalten", *Theologia Mystica* und „Die durch die dunklen Schleier angeblicher Schuld scheinende Unschuld".

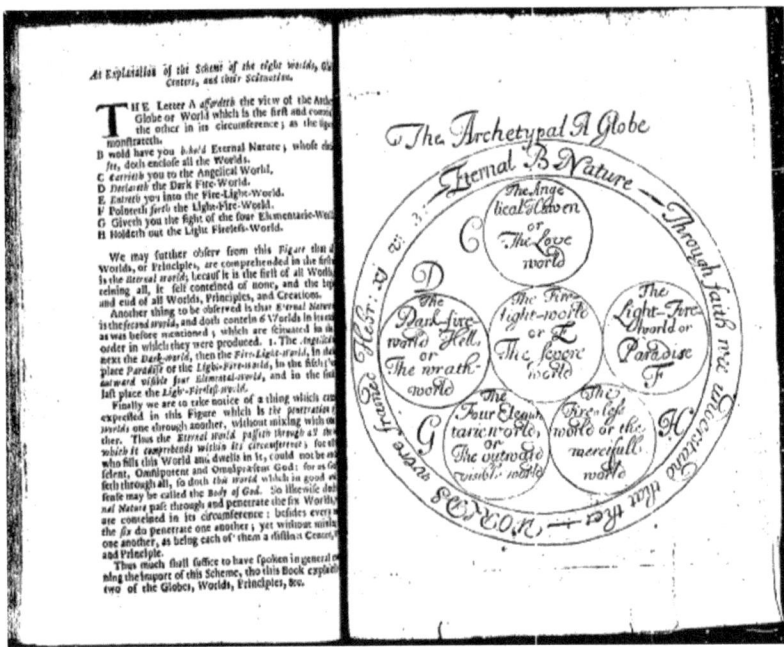

**Abb. 11: John Pordages Archetypischer Globus (1683)**

Hier in einer englischen Ausgabe der *Theologia mystica*

In seiner *Theologia mystica* (veröffentlicht 1683 nach seinem Tod) skizzierte Pordage seine Theorie von acht Erdbällen oder Welten, von denen er den ganzen, den „Archetypischen Globus", mit dem Buchstaben A bezeichnet und mit B die Ewige Natur, die in sich selbst sechs weitere Welten beinhaltet:

> *Der Buchstab A stellet den Globum Archetypum, oder die urwesentliche Grund=Haupt= und Ober=Welt vor / welche die erste ist und alle die andern in ihrem Umzirck beschlossen hält / wie die Figur ausweist.*
> *B hält Euch die Ewige Natur zu beschauen vor / dero Umkreis / wie Ihr sehet / alle die übrigen Welten wircklich in sich beschlossen hat.*
> *C führet und leitet Euch zur Englischen Welt …*
> *D zeiget die finstere Feuer=Welt.*
> *E leitet Euch in die Feuer=Liecht=Welt.*
> *F weiset die Liecht=Feuer=Welt an.*

> *G gibt Euch die Vier=elementarische Welt zu beschauen.*
> *H Hält Euch die Liecht=Feuer-lose Welt vor.*[102, [103]]

Zieht man diese Typologie der acht Welten in Betracht, kann der Leser sich wünschen, über mögliche kabbalistische Einflüsse auf Pordage nachzudenken. Könnte der Globum Archetypum כתר (*kether*)[lix] sein oder die Ewige Natur *Schechina*? Oder ging das ausschließlich auf Böhme zurück?

In *A Treatise of Eternal Nature* (veröffentlicht 1681) geht Pordage detailliert auf die sieben Formen und ihre Eigenschaften ein. Nachdem er die Eigenschaften der ersten sechs erklärt hat, kommt er zur siebten:

> *Endlich fürs Sechste nun / und zum Beschluß aller andern / bringet Gott die Siebende Gestalt hervor / in welcher die vorerwähnte wirckende Gestalten und Eigenschafften / als die Seele im Leibe / inqualieren und wircken. Diese ist der andern aller Haus und Wohnung / und ist die ewige Erde / welche ihnen allen die ewige wesentliche Selbständigkeit und Leiblichkeit gibt;*
>
> *In dieser wohnen sie in triumphirender Freude; in dieser werden sie alle mit dem ewigen Nutrimente / welches ihnen die Liebes=Essenz darreichet und einflöst / gespeist und unterhalten / circuliren und inqualiren auch in und durch einander in der grössten Harmonie und Einigkeit / in triumühirender Freude der Liebe=Essenz, welche sie alle durchdringet. Also sehet ihr die Geburt der ewigen Natur in ihrer völlig ausgemachten reinen und vollkommen Gestalt ...*[104, [105]]

Wie oben ausführlich dargestellt, ist die unmittelbare Quelle dafür in den Schriften Böhmes zu finden. Könnte vielleicht trotzdem ein indirekter Einfluss kabbalistischer Schriften vorhanden sein?

Sein ganzes Leben lang war John Pordage von Seherinnen umgeben und seine erste Ehefrau Mary war dabei eine Schlüsselfigur der ursprünglichen Bradfielder Gruppe und möglicherweise die erste, die Visionen erfahren hat.[106] Weitere Visionärinnen aus diesem ersten Kreis waren Mrs. Flavel – angeblich die Mutter des unehelichen Kindes von Pordage[107] –, Mary Pocock – eine der Zeuginnen bei den Verhandlungen anlässlich seines Hinauswurfs und deren identische Initialen zu einer Verwechslung mit Mary Pordage bezüglich der Autorschaft einer Druckschrift geführt haben können[108] – sowie Margaret Pinder, die mehrere, möglicherweise durch Fasten ausgelöste Visionen erfuhr.[109]

---

[lix] hebr.: Krone. Kether stellt im jüdisch-kabbalistischen Lebensbaum die höchste Emanation, das Ziel der spirituellen Suche, das reine göttliche Sein dar.

Zu Pordages Londoner Zirkel gehörte auch Joanna Oxenbridge, deren Haus als Treffpunkt diente,[110] sowie Ann Bathurst (ca. 1638–1704), von der mehrere Bände eines Tagebuchmanuskripts überdauert haben. Darin finden wir eine Beschreibung einer Vision von Sophia:

> *Heute Morgen fand ich mich von der lieblichen Sophia so überschattet, der jungfräulichen Gemahlin der Seele, als ob sie gekommen war, um mit mir zu kohabitieren.*[111]

Die bekannteste mit John Pordage assoziierte Visionärin war Jane Lead[e] (1624–1704)[112], die sich 1663 dem Kreis von Pordage anschloss und die inzwischen als The Philadelphians[ix] bekannte Gruppe nach seinem Tode 1681 leitete.[113] Jane Lead hatte mehrere Visionen der Ewigen Weisheit als Sophia zu der auch eine Serie gehörte, die in ihrem veröffentlichten Tagebuch *A Fountain of Gardens* (1670)[lxi] aufgezeichnet ist. In der ersten Vision sagte Sophia zu ihr:

> *Sihe ich bin Gottes ewige Jungfrau der Weißheit / die du gesucht hast! Ich bin nun zugegen / dir die Schätze der tieffen Weißheit Gottes zu entsieglen / und dir eben das / was Rebecca ihrem Sohne Jacob war / nemlich eine wahre / natürliche Mutter zu seyn: denn aus meinem Leibe und Behrmutter sollst du / auf Art eines Geistes / ausgeboren / empfangen und wiedergeboren werden. Dieses sollst du by einer neuen Lebens-Bewegung erkennen / die sich in dir erregen / und dir keine Ruhe geben wird / bis die Weißheit in denen innern Theilen deiner Seelen gebohren sey. Diesem nach betrachte diese meine Worte / bis ich wieder zu dir komme.*[114]

Drei Tage später erschien Sophia noch einmal strahlend und eine Krone tragend und sagte:

> *Sihe mich an als deine Mutter / und wisse / daß du einen Bund mit mir eingehen must / krafft dessen du denen neuen Schöpffungs-Gesetzen / die dir sollen geoffenbart werden / gehorchen sollst.*

Mit den Worten von Jane Lead:

> *Darauf langte Sie ein gülden Buch mit dreyen Siegeln beschlossen dar / und sprach: Hierinne ligen die tiffen Wunder der Weißheit verborgen / welche versiegelt gewesen / daß sie niemand bisher jemals konte / noch auch künfftig je wird erbrechen können / denn allein fothanige / die von ihren Jungfräulichen Kindern zu seyn erscheinen werden: welche Ihre*

---

[ix] Die Philadelphianer oder auch Philadelphische Gesellschaft
[lxi] dt. Ausgabe: *Ein Garten=Brunn* ... (s. Litverz.)

*Gesetze / wie sie täglich im Neuen Hertzen und Gemüthe aufgehen / annehmen und halten werden.*[115]

Später schrieb Lead in ihrem Tagebuch:

*Sophia erschien mir in der Gestalt einer Frau mit einem freundlichen und würdevollen Gebaren, Ihr Gesicht strahlte wie die Sonne und Sie war in ein Gewand aus durchsichtigem Gold gekleidet.*[116, lxii]

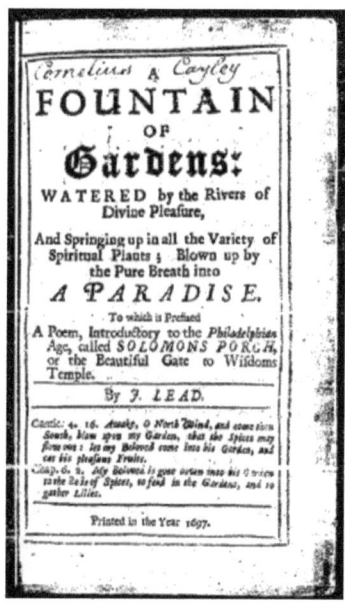

**Abb. 12: Jane Leads *A Fountain of Gardens* (1697)**

Fotografische Reproduktion des nicht mehr gedruckten Originals[118]

---

lxii Der genaue Wortlaut des Zitats konnte leider nicht recherchiert werden. Deshalb hier eine ähnliche Textstelle, in der Lead eine ihrer Vision von Sophia beschreibt: „Und weil ich dergestalt in meinem Gemüthe mit dir selbsten im Streite begriffen / überschattete mich eine helle Wolcke / und in Mitten derselben die Gestalt eines Weibes aufs köstlichste mit durchscheinenden Golde gezieret und schmückt. Ihr Haar hing Ihr über die Schultern hinab / und Ihr Angesicht leuchtete für Glantz als ein hellblinckender Krystall: Ihr Ansehen aber war lieblich und gütig."[117]

Während Jane Leads Visionen von den meisten ihrer Zeitgenossen größtenteils ignoriert wurden, waren sie jedoch in ihrer deutschen Übersetzung anderen wie Johann Georg Gichtel, Gottfried Arnold und späteren Theosophen wie Louis-Claude de Saint-Martin (1743–1803) und dem Schweizer Niklaus Anton Kirchberger und späteren Herrn zu Liebistorf (1739–1799) bekannt und wurden von ihnen geschätzt.[119]

## Gottfried Arnold (1666–1714)

Der deutsche Theologe und Professor der Kirchgeschichte, Gottfried Arnold, war einer der größten theosophischen Gelehrten und erfolgreicher Autor von ungefähr 52 Büchern.[120] Sein *Das Geheimniß der Goettlichen Sophia* (1700),[121] besteht aus zwei Teilen, wobei er im ersten, offensichtlich von Böhme und Pordage beeinflusst, umfassend aus dem *Buch der Sprüche*, dem *Buch Sirach* und Arbeiten früher christlicher Schriftsteller und Mystiker zum Thema Weisheit zitiert. Im zweiten Teil präsentiert Arnold dem Leser seine (insgesamt 156) „poetischen Sprichworte" zum Lobe der Weisheit und inspiriert vom *Lied der Lieder* des Alten Testaments.

Diese Gedichte offenbaren Arnolds Glauben an eine persönliche Sophia, die gleichzeitig seine Königin, Freundin und Braut ist. So widmet er im ersten Teil seines Buches ein ganzes Kapitel „eine[r] Sache, die zwar hochwichtig / gewiss und wesendlich ..." ist[122] – nämlich die geistige Ehe mit Sophia –, und auch in Teil zwei taucht dieses Thema immer wieder auf.

In einem Gedicht mit dem Titel „Woher kommt mir das / daß die mutter meines HErrn zu mir kommt?" berichtet Arnold über eine Nacht der Meditation, in der ihm Sophia erschien:

> *DIe trübe nacht hatt' all's mit dunckelheit bezogen /*
> *Und mein gemüthe hatt' betrübnis / hoffnung / lieb /*
> *Verlangen / sorg und furcht / zu diesem wunsch bewogen:*
> *Daß JEsus doch in mir gewurzelt ewig blieb.*
> *Da trat im augenblick vor meines Geistes augen /*
> *Die Weißheit / Gottesbraut / nicht zwar in hohem glantz /*
> *(Den sie sonst offtermal bey menschen pflegt zu brauchen)*
> *Doch grösser als ein mensch / von schönheit funcklend gantz /*
> *Ehrwürdig anzusehn / leibreitzend / hold und munter /*
> *So daß die lieb und freud mit ehrerbietung sich*
> *Bey mir vermengt befand.*[123]

Er fragt die Prinzessin nach dem Grund für den Besuch und erhält als Antwort: „Sey zufrieden." Was folgt, ist eine lebhafte Beschreibung sehr im Stil der deutschen Mystik:

> *Und damit neigte sie sich süssiglich zu mir /*
> *Legt ihren lincken arm an meiner rechten nieder /*
> *Und druckte mich an sich (so freundlich war sie hier)*
> *Und gab mir einen kuß. Ich schau die rosen=wangen /*
> *Noch immerzu vor mir / den lichten purpur=mund /*
> *Dran tausend lieblichkeit als perlen=tropffen hangen /*
> *Der stirnen heiterkeit / der augen helles rund.*[124, 125]

Diese höchst individuelle Erfahrung der spirituellen Hochzeit kann mit ähnlich persönlichen Erfahrungen der Nonnen des Klosters Helfta drei Jahrhunderte früher verglichen werden. Auch Mechthild von Magdeburg (ca. 1210? bis ca. 1282) beschreibt in *Das Fließende Licht der Gottheit* ähnliche Umarmungen in ihrer geistigen Ehe mit und als Braut ihres Herrn Jesus Christus[126] – ebenso wie Ann Bathurst (ca. 1638–1704) als Mitglied des Londoner Zirkels um Pordage in einem Tagebucheintrag im September 1679.[127]

Eines der besten Gedichte Arnolds in dieser Sammlung lobt Sophia als seine Stärke:

> *Die Vernunft mag noch so sehr*
> *Meiner einfalt lachen:*
> *Ich besinge doch noch mehr*
> *Meine liebes=sachen.*
> *O Sophia / meine krafft ...*
> *...*
>
> *O sie ist / die Heldin / mir*
> *Alles / was ich brauche:*
> *Und ich weiß / wie ohne ihr*
> *Ich zum Kampff nicht tauge.*
> *...*
>
> *Sey du mein / du Heldin du /*
> *GOttes reines leben /*
> *Laß mich in der sichern Ruh*
> *Unbeschädigt schweben*
> *Unter deinem Schirm und Schutz: halt mich festiglich in dir*
> *Und wenn sich der feinde macht häufft / so streit und sieg in mir!*[128, 129]

In Gottfried Arnold finden wir einen Theosophen, der, wie andere aus dieser Tradition, tiefe und auf den Schriften der vorangegangenen 2.000 Jahre basierende Kenntnisse über die Weisheit mit seinem auf persönlicher Introspektion und Meditation beruhenden Wissen in Gestalt der Sophia verbinden konnte.

## Johann Georg Gichtel (1638–1710)

Nachdem er 1668 Deutschland verlassen hatte, um der Verfolgung zu entgehen, verbrachte Gichtel den Rest seines Lebens damit, in Amsterdam zu lehren und zu schreiben und die Engelsbrüder zu gründen. Sehr bekannt wurde er für die Edition von Böhmes Werken, der *Theosophia Revelata*, und für seine eigenen Briefe, die in der *Theosophia Practica* veröffentlich wurden. Sein Hauptbeitrag zur Theosophie bestand in der Entwicklung der Sprache der theosophischen Praxis.[130] Hier betrachte ich seinen Glauben an die spirituelle Ehe mit Sophia.

Wie in einem Brief vom 3. November 1696 bemerkt, glaubte Gichtel, dass Sophia alle auf die Probe stellt, die nach ihr suchen:

> *Also spielet die himmlische* Sophia *mit allen ihren Buhlern, und untersuchet sie, obs ihnen Ernst ist; denn wo kein rechter Ernst ist, da wird die Ehelichung lang trainiret, welches wohl zu observiren.*[131, 132]

Und in einem Brief vom 3. September 1697 empfiehlt er:

> *Unsere himmlische Jungfrau ist in unsern Limbum*[lxiii] *dergestalt verliebet, daß es kein Mensch glauben kan: aber unser wankelhaftes Gemüt, und unbeständiger Wille und Hertz hindert ihren Ausfluß. Und so Ew. L. um Sie zu werben gesinnet ist, wie ich denn in ihm den angezündeten Moder fühle, so ergreife er das Gebät ja ernstlich, und bitte um ein standvestes Gemüt und Willen, und um den H. Geist zum Lehrer und Führer, dieweil wunderbare Vorfälle sich eröffnen, die alle Vernunft übertrift, und denke nimmermehr zurück, solte auch Leib und Seel verschmachten, dass GOttes Wort sein Trost und Theil bleibe.*[131, 133]

Wie andere Mystiker vor und nach ihm glaubte Gichtel an die innere Kontemplation, denn "wenn unserer innerer Lehrer bei uns ist ... brauchen wir [sicherlich] keinen Lehrer außerhalb von uns."[134, lxiv] Wie in einem Brief vom 1. Juni 1700 zu erkennen, war für Gichtel diese innere Lehrerin Sophia:

> *Was solte ich, armer Wurm ohne* Sophia *diese 36. Jahr durch ausrichten mögen, wenn Gott Mir diese Bär=Mutter seiner Göttlichen Kräften nicht eröffnet hätte?*[135, 136]

---

[lxiii] von lat. *limbus*: Vorhölle, auch Aufenthaltsort im Jenseits, Randbereich; im Englischen: *limbo*
[lxiv] Der originale Wortlaut konnte leider nicht aufgefunden werden. Deshalb hier die eigene Übersetzung aus dem Englischen.

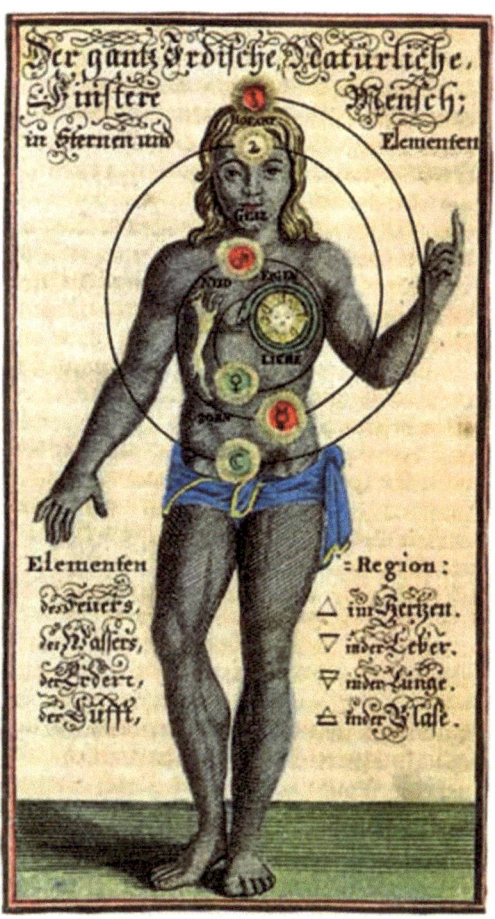

**Abb. 13: Johann Georg Gichtels finsterer, also unerleuchteter Mensch**

Gichtels Darstellung der Planeten im menschlichen Körper:
„Der gantz Irdische, Natürliche, Finstere Mensch; in Sternen und Elementen"
aus der *Theosophia Practica* (1696)

Kurz vor seinem Tod hatte Gichtel eine weitere Vision seiner geistigen Ehe mit Sophia, die wahrscheinlich von seinem Kollegen Johann Überfeld beschrieben wurde:

> Die himmlische Mutter der Weisheit offenbarte sich selbst erneut 1709, am 13. Dezember, in derselben Gestalt der heiligen Dreiheit. Gerade vierzig Tage vorher rief sie den gesegneten Soldat [Gichtel] nach Hause und lächelte dem noch lebenden Theosophen U [Ueberfeld] strahlend zu. Sie zeigte mit ihrem Finger auf die göttliche Lichtperle die in der treuen und tiefen Arbeit in Christus der wahren Brüder so durchsichtig geworden und zu einem solchen Maße an Kraft angewachsen war, dass ein so kleiner Funken zu einem großen Licht geworden war und dem Adam ähnelte. Im Moment erschien die himmlische Jungfrau auch dem Geiste Gichtels im höchsten Glanz und dem göttlichen Juwel im Gemüt.[137, lxv]

Diese Erneuerung der geistigen Ehe erfuhren auch die restlichen Mitglieder der Engelsbrüder in den Jahrzehnten nach Gichtels Tod.

### Spätere Jahrzehnte

Im 18. Jahrhundert beeinflusste die Sophia der böhmschen-theosophischen Tradition weiterhin Philosophen und Theologen. Der französische Philosoph Louis-Claude de Saint-Martin (1743–1803) wurde mit Böhmes Werken ab Mitte der 1780er Jahre durch die Korrespondenz mit dem Schweizer Aristokraten Niklaus Anton Kirchberger und späteren Herrn von Liebistorf (1739–1799) bekannt gemacht. Er erstellte mehrere französische Übersetzungen von Böhmes Schriften und ist ebenfalls für seine eigenen bekannt, in denen er die theosophischen Vorstellungen Böhmes weiterentwickelte, insbesondere in *Le Ministere de l'Homme-esprit* (1802)[lxvi].[138]

In Deutschland fanden die böhmsche Theosophie und ihre Vorstellung von Sophia als Verkörperung der göttlichen Weisheit ihren Ausdruck Seite an Seite mit dem christlichen Kabbalismus, der Alchemie und anderen westlichen esoterischen Bewegungen. Friedrich Christoph Oetinger (1702–1782) schrieb ausführlich über Böhme und die Theosophie sowie ebenfalls über die Alchemie und den Kabbalismus. Oetinger berichtete über Sophia in traditionellen Begriffen, wobei er in der Weisheit der *Sprichwörter* seine Inspiration und den geheimen Kern seines theosophisch-christlichen Kabbalismus fand. Erwähnt werden sollte ebenfalls der frühe Georg von Welling (1652–1727), der am besten für sein *Opus*

---

[lxv] eigene Übertragung aus der englischen Vorlage
[lxvi] dt. Ausgabe: *Der Dienst des Geist-menschen*

*Mago-Cabalisticum und Theosophicum* (1735) bekannt ist. Im Anhang mit dem Titel „Ein Tractätlein von der Göttlichen Weisheit", baut von Welling sein Verständnis der Weisheit auf den traditionellen biblischen Quellen wie dem *Buch der Sprichwörter*, dem *Buch Sirach* und anderen Erwähnungen der Weisheit sowohl im Alten als auch im Neuen Testament auf.[139]

**Sophia in der Literatur**

Zusammen mit den auftauchenden naturphilosophischen Ideen konnten sich gegen Ende des 18. Jahrhunderts spirituelle Sucher der deutschen romantischen Tradition auf die Schriften der böhmschen Theosophen stützen, um Sophia und das Göttlich-Weibliche in ihre Schriften einzubinden. Zu diesen zählt u. a. der junge Georg Friedrich Philipp von Hardenburg (1772–1801) unter dem Schriftstellernamen „Novalis" und sein Zeitgenosse Friedrich Hölderlin (1770–1843). Der Schweizer Theologe Georg Christoph Tobler (1757–1812) benutzt in „Die Natur" (1782) das weibliche Pronomen, um die Natur zu beschreiben: „Natur! Wir sind von ihr umgeben und umschlungen – unvermögend aus ihr herauszutreten, und unvermögend tiefer in sie hineinzukommen",[140] und sein Freund Goethe ruft im früheren „Auf dem See" (1775) aus: "Wie ist Natur so hold und gut, / Die mich am Busen hält!"[141, 142]

Novalis wurde durch den Tod seiner Verlobten, Sophie von Kuhn, stark beeinflusst. In seinem Tagebuch zeichnete er eine Vision auf, die er an ihrem Grab gehabt hatte und die er in seiner dritten „Hymne an die Nacht" verwendete. In seinem Roman *Heinrich von Ofterdingen* (1800) schrieb er:

> Sophie sagte: ‚Das große Geheimnis ist allen offenbart, und bleibt ewig unergründlich. Aus Schmerzen wird die neue Welt geboren, und in Tränen wird die Asche zum Trank des ewigen Lebens aufgelöst. In jedem wohnt die himmlische Mutter, um jedes Kind ewig zu gebären. Fühlt ihr die süße Geburt im Klopfen eurer Brust?' ...
>
> Endlich sagte Sophie: ‚Die Mutter ist unter uns, ihre Gegenwart wird uns ewig beglücken. Folgt uns in unsere Wohnung, in dem Tempel dort werden wir ewig wohnen, und das Geheimnis der Welt bewahren.'[143]

Nach Sophie von Kuhns Tod schenkte Novalis seine Zuneigung einer anderen Frau, Julie von Charpentier. Wie Walter Tov lakonisch beobachtet hat, "war Julie von Charpentier ein irdisches Symbol der Göttlichen Jungfrau. Sie zu lieben, bedeutete für Novalis immer noch, Sophie von Kuhn zu lieben. Die irdische Liebe ist eine unvollkommene Reflexion der himmlischen Liebe."[144]

Ein paar Jahre früher hatte Hölderlin in seinen Roman *Hyperion* (1797) eine prophetische Vision der Göttin eingearbeitet:

> *Die rauhe Hülse um den Kern des Lebens und nichts weiter ist der Staat. Er ist die Mauer um den Garten menschlicher Früchte und Blumen.*
>
> *Aber was hilft die Mauer um den Garten, wo der Boden dürre liegt? Da hilft der Regen vom Himmel allein. O Regen vom Himmel! o Begeisterung! Du wirst den Frühling der Völker uns wiederbringen. Dich kann der Staat nicht hergebieten. Aber er störe dich nicht, so wirst du kommen, kommen wirst du, mit deinen allmächtigen Wonnen, in goldne Wolken wirst du uns hüllen und empor uns tragen über die Sterblichkeit, und wir werden staunen und fragen, ob wir es noch seien, wir, die Dürftigen, die wir die Sterne fragten, ob dort uns ein Frühling blühe – frägst du mich, wann dies sein wird? Dann, wann die Lieblingin der Zeit, die jüngste, schönste Tochter der Zeit, die neue Kirche, hervorgehn wird aus diesen befleckten veralteten Formen, wann das erwachte Gefühl des Göttlichen dem Menschen seine Gottheit, und seiner Brust die schöne Jugend wiederbringen wird, wann – ich kann sie nicht verkünden, denn ich ahne sie kaum, aber sie kömmt gewiß, gewiß. Der Tod ist ein Bote des Lebens, und daß wir jetzt schlafen in unsern Krankenhäusern, dies zeugt vom nahen gesunden Erwachen. Dann, dann erst sind wir, dann ist das Element der Geister gefunden!*[145, 146]

Auch die deutschen Maler der Romantik standen unter dem Einfluss der frühen böhmschen Theosophen. Philip Otto Runge (1777–1810) entwickelte eine Theorie der Farben (Farbenkugel), die auf den spirituellen Ideen Böhmes basierte.[147, 148]

Johann Wolfgang von Goethe (1749–1832) befasst sich in seinem *Faust* (geschrieben in den frühen Jahrzehnten des 19. Jahrhunderts, aber nicht veröffentlicht bis zu seinem Tod) ebenfalls mit dem Thema des Göttlich-Weiblichen:

> *Hier ist die Aussicht frei,*
> *Der Geist erhoben.*
> *Dort ziehen Fraun vorbei,*
> *Schwebend nach oben.*
> *Die Herrliche mitteninn*
> *Im Sternenkranze,*
> *Die Himmelskönigin,*
> *Ich seh's am Glanze.*

> *Höchste Herrscherin der Welt!*
> *Lasse mich im blauen,*
> *Ausgespannten Himmelszelt*
> *Dein Geheimnis schauen.*
> *Billige, was des Mannes Brust*
> *Ernst und zart beweget*
> *Und mit heiliger Liebeslust*
> *Dir entgegenträget.*[149, 150]

Und weiter beschließt Goethe, den *Faust* mit dem Rätselhaften zu beenden:

> *Alles Vergängliche*
> *Ist nur ein Gleichnis;*
> *Das Unzulängliche,*
> *Hier wird's Ereignis;*
> *Das Unbeschreibliche,*
> *Hier ist's getan;*
> *Das Ewig-Weibliche*
> *Zieht uns hinan.*[151, 152]

Besonders in den vergangenen Jahrzehnten hat es viele wissenschaftliche Arbeiten gegeben, die diese letzten Zeilen interpretieren, insbesondere was die Bedeutung des „Ewig-Weiblichen" angeht, ein Ausdruck, der sich, wie Hamlin bemerkt hat, einen eigenständigen Platz im englischen Sprachgebrauch erobert hat.[153] Eichner hat vorgeschlagen, den Ausdruck auf die göttliche Vergebung zu beziehen,[154] wohingegen andere wie Michael Neumann eine idealisierte erotische Liebe nahelegen. Diese Schlussfolgerung wird von Cyrus Hamlin und anderen wiederum bestritten, die den Ausdruck vollständig im Zusammenhang mit der Reise von Faust sehen.[155] Jaroslav Pelikan schlägt glaubhafter vor, dass sich Goethe beim Verwenden des Ausdrucks „Ewig-Weibliche", auf die Jungfrau Maria bezieht.[156] Hier finden wir eine akzeptablere Erklärung, die – unter der Voraussetzung, dass Goethes Beziehung zum Christentum seiner Zeit eine komplexe war – einleuchtenderweise auf das „Göttlich-Weibliche" im weiteren Sinne ausgedehnt werden kann.[157]

## Johann Jacob Wirz und die Nazarener

Der kaum bekannte Schweizer Visionär Johann Jacob Wirz (1778–1858)[158] begann 1823, Visionen von Sophia als Verkörperung der göttlichen Weisheit zu empfangen. Sie bildeten die Basis des Glaubens der Nazarener-Gemeinde. Sein Verständnis der Weisheit ist sehr in der früheren Tradition verankert und wird mit Ausschnitten aus den Journalen besprochen, die er ebenso führte, wie Pordage und Gichtel es zwei Jahrhunderte früher getan hatten. Viele dieser Einträge haben die Form eines Dialogs zwischen Wirz und seiner Mutter, der Weisheit, wie auch dieser vom 8. Februar 1836:

> *Liebe Mutter, du himmlische Weisheit, ich unterwinde mich abermals, dich etwas zu fragen. Was ist eigentlich unter der wahren Weisheit zu verstehen? Du hast zwar schon oft darüber unterrichtet; aber ich bemerke, dass der Sinn des Wortes **Weisheit** auf gar verschiedene Weise ausgelegt wird. Unterweise mich, ich will mein Ohr auftun.*
>
> *Antwort der Weisheit: Höre, mein Sohn, dass man so verschiedene, oft irrige Begriffe von der Bedeutung und dem Wesen der Weisheit hat, kommt daher, weil man ihren Geboten nicht Gehorsam leistet. Darum wird sie so wenig erkannt.* **Wer aber ihren Willen tun will, der wird inne werden, was sie eigentlich ist**, *und der wird auch den richtigen Begriff von ihrem Namen und ihrem Wesen fassen. Bleibe du bei dem, was du durch ihren Unterricht vernommen hast. Du brauchst ja den Gelehrten keine Rechenschaft über den Begriff der Weisheit zu geben. Ich sehe wohl, dass dieser Gedanke im Verborgenen deines Herzens die eigentliche Ursache deiner Frage ist. Folge du nur der Weisheit kindlich und treu, so wirst du ihr immer näher kommen. Wer von ihr einen richtigen Begriff zu erhalten verlangt, der findet sie besungen im Buch der Weisheit (Kap. 7, 21–30).*[159, 160]

Dass Wirz in Sophia die Weisheit sah, wird aus dem folgenden Eintrag vom 1. Januar 1837 deutlich:

> *Die Weisheit spricht: Fahre fort zu üben und zu halten, was du deiner Mutter, der himmlischen Weisheit, versprochen hast.*
>
> *Es ist zwar der Natur schwer, sich daran zu gewöhnen, den vorgesetzten Weg ohne Unterbrechung fortzuwandeln, und alle Hindernisse zu Beförderungsmitteln zu machen. Aber Treue, in Schwachheit geübt, fördert die Treue, bis sie endlich zur Kraft wird.*
>
> *Du hast dich am gestrigen Abend, beim Schluss des Jahres, aufs neue zum Gehorsam gegen deine himmlische Mutter verpflichtet. Das hat sie besser gehört, als du je deine eigene Stimme vernimmst. Sie hat dein Gelöbnis auch angenommen, und antwortet dir heute folgendes darauf:*

> *Selig sind diejenigen Seelen, die sich nicht allein der göttlichen Gerechtigkeit verpflichten, sondern durch Gehorsam dahin gelangen, ihr ganzes Eigentum zu werden. Ihnen wird sie dann alles dasjenige sein, was manche theosophische Autoren von ihr, als der himmlischen Sophia, gerühmt haben.*[161]

Die posthum veröffentlichten Schriften von Wirz wurden von Versluis – vielleicht etwas gewagt – mit den visionären Erzählungen des Sufismus verglichen.

## Zusammenfassung

In diesem Kapitel habe ich versucht, einen Überblick der theosophischen Sophia von ihren Anfängen in den Schriften Jacob Böhmes im frühen 17. bis hin zu Goethe und Wirz im frühen 19. Jahrhundert zu geben. Dass Böhme spätere theosophische Schriftsteller beeinflusst hat, ist offensichtlich. Doch sehe ich diesen Einfluss vielleicht etwas anders als andere. Männer wie John Pordage in England, Gottfried Arnold in Deutschland, Louis-Claude de Saint-Martin in Frankreich und Frauen wie Jane Lead sind aus meiner Sicht unabhängige Mystiker/-innen mit einer eigenen Sichtweise der Spiritualität und ganz besonders ihrer Beziehung zu Sophia. Alle erkennen sie die Bedeutung und Gültigkeit der von Böhme als früheren Autor angesprochenen Themen an. Dies macht sie jedoch nicht automatisch zu seinen Anhängern, wie ihre Zeitgenossen und einige spätere Akademiker angenommen haben. Darin stimme ich mit B. J. Gibbons und seinen permanenten Referenzen auf den englischen *behemism*[lxvii] in *Gender in Mystical and Occult Thought* (1996)[lxviii] nicht überein. Wie der Leser vielleicht bemerkt hat, bevorzuge ich die Herangehensweise von Arthur Versluis in *Wisdom's Children* (1999) und seinen Bezug auf die christlich-theosophische Überlieferung.

Weiterhin habe ich versucht, kurze Nachforschungen zu einigen Themen aus den Werken der wichtigsten theosophischen Schriftsteller Deutschlands und Englands und ihren Beziehungen zur göttlichen Sophia durchzuführen. Dazu gehörte ebenfalls die Betrachtung der Ausbreitung sophianistischer Ideen in den Werken deutscher romantischer Schriftsteller und Maler und ihrer Wahrnehmung der Göttin. Umgekehrt beeinflusst diese auch die Werke einiger europäischer Schriftsteller des im 4. Kapitel untersuchten 19. und frühen 20. Jahrhunderts. In Kapitel 3 wird der Einfluss der sophinistischen Theosophen auf die russische mystische Tradition betrachtet.

---

lxvii engl.: Böhmismus
lxviii *Das Geschlecht in der mystischen und okkulten Denkweise*

**Abb. 14: Sophia, die göttliche Weisheit**

Häufig variierte Darstellung auf Ikonen ab dem 17. Jhd. mit der geflügelten Sophia auf dem Thron, der Gottesmutter mit dem noch ungeborenen Christus zur Linken und Johannes dem Täufer mit einer Schriftrolle zur Rechten. Über Sophias Kopf erscheint der segnende Christus.[lxix]

---

[lxix] Bildunterschrift vom Übersetzer ergänzt; s. a. S. 59 und 70.

## 3   Sophia und die mystische Tradition Russlands

Nicht alleine in der westlichen Tradition ist ein Bewusstsein der Weisheit (Sophia) anzutreffen. Doch den Ursprüngen ihres russischen Verständnisses wurde relativ wenig Aufmerksamkeit gewidmet. In diesem Kapitel gehe ich von der Annahme aus, dass es für letzteres in der Tat zwei Ursprünge gab: nämlich einmal die byzantinische Vorstellung von Sophia als der Weisheit Gottes und das später in Russland eingeführte theosophische Sophienbild Böhmes. Anschließend präsentiere und bespreche ich die Visionen Vladimir Solowjows (1853–1900), dessen Sophienverständnis so großen Einfluss auf spätere Schriftsteller hatte. Weiterhin wird die Bedeutung Sophias für die jungen Dichter und Maler des Symbolismus betrachtet, und abschließend erfolgt eine Untersuchung des Einflusses von Solowjows Sichtweise der Sophia auf zeitgenössische und spätere Schriftsteller der orthodoxen Tradition.

Wie im 1. Kapitel bemerkt wurden die frühen, sogenannten gnostischen Sichtweisen der Sophia von der traditionellen christlichen Hauptströmung zurückgewiesen, die Sophia zunehmend mit Jesus Christus als dem Logos identifizierten. Obwohl so ersetzt, blieb die frühere Symbolik der Sophia insbesondere im Osten Teil der christlichen Überlieferung, wo Anfang des vierten Jahrhunderts n. Chr. Kaiser Konstantin in Konstantinopel, dem heutigen Istanbul, eine Kirche der Ἁγία Σοφία [lxx], der „Heiligen Weisheit" widmete.

In Byzanz wurde die Weisheit meistens als Logos Christi porträtiert und so fand auch die Weihefeier der Hagia Sophia zu Weihnachten statt. 431 ließ der Rat von Ephesus Maria offiziell als die Theotokos oder „Gebärerin Gottes" verkünden und das Bild von Mutter und Sohn wurde später ein Lieblingsthema der Ikonographie. Das erste neue Mosaik, das nach dem Bilderstreit (867 n. Chr.) in der Hagia Sophia entschleiert wurde, war die lebensgroße Darstellung der „Erhabenen Theotokos". Durch diese gemeinsame Verehrung des Logos und der Theotokos in der Hagia Sophia entwickelte sich die Verbindung von Sophia und der Gottesmutter – und diese trat besonders in Russland deutlich in Erscheinung. Als 988 die Rus[lxxi] zum Christentum konvertierten, wurden die bedeutenden Kirchen in Kiew und Nowgorod der Heiligen Sophia gewidmet. Und so feierten die Kathedrale der St. Sophia in Nowgorod (11. Jahrhundert) und ihre Nachfolgerinnen ihren Festtag lieber am Datum der Entschlafung Marias als am Geburtstag von Christus.[162]

---

[lxx] griech.: *Hagia Sophia*
[lxxi] sowohl Bezeichnung für ein Gebiet in Osteuropa als auch einen dort beheimateten gleichnamigen Volksstamm

## Sophia und die mystische Tradition Russlands

In der russisch-orthodoxen Tradition war Sophia als „София – Премудрость Божия (Sophia – Premudrost Boschija)[lxxii]" bekannt und wurde in vielfältiger Form auf Ikonen porträtiert. Die früheren Bilder des Logos Christi und der Theotokos in ihrem sophianistischen Aspekt wurden im mittelalterlichen Rus durch insgesamt vier Bildtypen ersetzt: In Nowgorod entwickelte sich eine ikonographische Überlieferung, die Sophia als einen auf einem Thron sitzenden Engel der Weisheit darstellte. In Kiew zeigte man Sophia als eine geflügelte Jungfrau oder Frau der Apokalypse. Im dritten Typ wird ein Kruzifix, das gewöhnlich von sieben Geschenken des Heiligen Geistes umgeben ist, als Sophia dargestellt und die vierte Kategorie der Ikonen stellt den Ausdruck „Die Weisheit hat ihr Haus gebaut (Spr. 9:1–6)" dar.[163]

Eine abweichende Ansicht wurde in den 1930er Jahren von Georgi W. Florowski (1893–1979) vertreten, nach der das Bild der Weisheit in einem Buch des deutschen Mystikers Heinrich Seuse (1295–1366) den Weg nach Russland fand.[164] Es heißt, es soll 1485 im deutschen Augsburg gedruckt und während der Zeit des Erzbischofs Gennadij von Nowgorod (1484–1505) nach Russland gebracht worden sein. Dieser Ansicht wird wiederum von Petr Balcarek widersprochen, der in dem Bild ein Porträt der Ewigen Weisheit als Gott Vater sieht.[165]

**Abb. 15: Santa Sophia in der Sophienkathedrale in Kiew (11. Jhd.)**

---

lxxii russ.: Sophia, die Weisheit Gottes

Sophia und die mystische Tradition Russlands

**Abb. 16: Santa Sophia in der Sophienkathedrale in Nowgorod (11. Jhd.)**[lxxiii]

---

[lxxiii] s. a. Abb. 14, S. 56 und Abb. 18, S. 70

Das 17. Jahrhundert markiert in Russland, insbesondere in Moskowien[lxxiv], den Beginn eines allmählichen Niedergangs der kulturellen, von Byzanz ererbten Traditionen und einen Zulauf westlicher europäischer Einflüsse. In der Ikonographie zeigt sich dies, zusammen mit traditionelleren Formen der Weisheit als Logos, durch das Erscheinen von Ikonen, die die Identität Sophias mehrdeutiger darstellen: Die Gestalt von Christus wird durch die des Vaters ersetzt und die Kompositionen beginnen ebenfalls, Joachim und Anna, die Eltern der Jungfrau darzustellen.[167]

Diese Tendenz spiegelt sich in einem interessanten hymnographischen[lxxv] Satz oder Служба (Sluschba)[lxxvi] zu Ehren der „Sofia – Premudrost Boschija" des russischen Abenteurers Prinz Simeon Shakhowskoi wider, der die Identität Sophias als Logos Christi und als Jungfrau Maria quasi verdoppelt:

> Oh Allmächtiger Gott Vater ... Ich wage es, von der Beschützerin der Welt zu singen, der Jungfrau und unbefleckten Braut, deren jungfräuliche Seele Du durch die Fleischwerdung deines Wortes deinen Tempel genannt hast. Auch Sophia, die Weisheit Gottes, hast Du Sie genannt und in ihrem Namen Kaiser Justinian befohlen, eine Kirche zu bauen.

Neu herausgegeben von zwei griechischen Theologen, den Brüdern Likhoud, wurde dieses Werk verständlicherweise kritisiert, aber nie vom offiziell gedruckten Menaion der russischen Kirche akzeptiert.[168, lxxvii]

Die Flut westlicher Symbolik und konzeptioneller Rahmenwerke, die während des 17. und 18. Jahrhunderts und der erzwungenen Verwestlichung Russlands durch Peter den Großen und seine Nachfolger in das Land strömte, überschwemmte den einheimische Strang Sophias in der russisch-religiösen Bildersprache so sehr, dass er fast in Vergessenheit geriet. In diese Zeit fällt auch die Einführung der theosophischen Sichtweise Sophias in Russland durch die Schriften Böhmes und anderer seiner Tradition.

Der Einfluss Böhmes erreichte Russland zunächst über die blühende deutsche Gemeinde in Moskau, wo in den 1670er und 1680er Jahren ein von einem Kaufmann namens Konrad Nordermann geleiteter Böhme-Kreis existierte. Im April

---

[lxxiv] Moskowien ... war in Europa die inoffizielle Bezeichnung für das Großfürstentum Moskau, das das Kernland des vereinigten russischen Staates sowie des Zarentums Russlands bildete. Das Wort Moskowien wurde ab dem 14. Jahrhundert bis zu Peter dem Großen in Europa für Russland verwendet, die Russen nannte man Moskowiter.[166]
[lxxv] Hymnographie: Die Kunst der Komposition von Hymnen.
[lxxvi] russ.: Dienst
[lxxvii] Die Menaia bestehen aus nach Monaten geordneten und zusätzlichen, allgemeinen Texten. Sie beinhalten eine Beschreibung der für die festen Feiertage vorgesehen Dienste des byzantinischen Ritus [Text der Endnote in die Fußnote vorgezogen].

1689 versetzte die Ankunft des eigenwilligen schlesischen Quirinus Kuhlmanns diesen in ziemliche Aufregung, was schließlich damit endete, dass Nordermann und Kuhlmann verhaftet und am 4. Oktober 1689 als Ketzer auf dem Roten Platz verbrannt wurden. Besonders in der Ukraine setzte sich jedoch die Verbreitung von Böhmes Lehren in der russischen Bevölkerung mit dem Umlauf von handgeschriebenen slawischen und alt-russischen Übersetzungen sowohl in den Städten als auch bei den Bauern fort. Anfang des 18. Jahrhunderts veröffentlichten die deutschen Pietisten, angeführt von August Francke an der Universität Halle, Abhandlungen für den Export nach Russland. Der Einfluss des mit den religiösen Lehren Böhmes angereicherten deutschen Pietismus' war in russischen Klöstern und theologischen Schulen deutlich zu spüren.[169]

Der ukrainische Philosoph und spirituelle Schriftsteller Hryhorij Sawytsch Skoworoda (1722–1794) schrieb über die Göttliche Weisheit und den Heiligen Geist im Innern:

> *Wenn ein Mensch über sich selbst nachdenkt, dem Heiligen Geist antwortet, der in ihm lebt und in ihm ruft, und seinem heimlichen Nicken statt seinen eigenen Grillen oder dem Rat anderer folgt, indem er sich an sich selbst wendet und an dem Punkt festhält, für den er in diese Welt geboren wurde und der ihm von seinem Höchsten Wesen selbst zugeteilt wurde – dann sollte er seine Berufung glücklich und gemeinsam mit Gott annehmen.*[170]

Während er die Verehrung von Ikonen kritisch sah, verteidigte Skoworoda jedoch ikonographische Darstellungen der göttlichen Weisheit als Frau und betonte, dass „elementare theologische Vorstellungen in Metapher gekleidet sind, da eine komplizierte und nicht wahrnehmbare Wirklichkeit nicht durch literarische Mittel transportiert werden kann".[171] Sowohl die deutschen Pietisten als auch Böhmes Arbeiten waren Skoworoda offensichtlich vertraut, denn er ist bekannt dafür, der Autor mehrerer Übersetzungen von Böhmes Manuskripten zu sein, die später unter ukrainischen Bauern entdeckt wurden.[172]

Ab 1780 kann man den Einfluss Böhmes und anderer theosophischer Schriftsteller auf die russische Freimaurerei mit ihren engen Verbindungen zu den deutschen Logen feststellen, zu denen auch Pordage, Gichtel und Saint-Martin gehören.[173] Bis Anfang der 1820er Jahre war der Einfluss der böhmschen Ideen auf die gebildete russische Öffentlichkeit derart, dass 1825 die russische Orthodoxe Kirche die Unterdrückung und Beschlagnahmung der Werke Böhmes und anderer Mystiker verfügte. Allerdings tat das dem Interesse an seinen Ideen keinen Abbruch, sondern es verlangte lediglich nach einer größeren Vorsicht beim Studium und bei der Verbreitung der Lehren. Sie hatten eine außerordentliche Wirkung auf die Moskauer Romantiker, zu denen auch die Mitglieder von Vladimir

Odojewskis Gesellschaft Любомудры (Ljubomudri)[lxxviii] (1823–1825) gehörten.[174] Nach 1826 wurde die Theosophie hauptsächlich vom einflussreichen russischen Prof. Fedor Golubinskii verfochten, dessen Karriere als Lehrer von 1836 bis 1851 andauerte.[175] Dies wiederum bereitet die Bühne für den jungen Lektor Vladimir Solowjow, dessen Interesse an allen mystischen Ideen mit Anfang der 1870er Jahre beginnt.

### Vladimir Solowjow (1853–1900)[176]

Gegen Ende des 19. Jahrhunderts entwickelte der Philosoph Vladimir Solowjow eine Vorstellung von Sophia, die auf seinen persönlichen Visionen und den früheren theologischen Schriften Böhmes und seiner Nachfolger basierte. Spätere Schriftsteller der russischen sophinistischen Tradition wurden stark von Solowjow beeinflusst.

Solowjow hatte drei Visionen von Sophia, die er 1898 in seinem, gegen Ende seines Lebens verfassten Gedicht „Три Свидания (Tri Swidania)[lxxix]" beschrieb.[177] Seine erste Vision Sophias empfing er 1862 im Alter von neun Jahren, als er während eines orthodoxen Kirchendienstes von der Erscheinung einer schönen Frau überwältigt wurde:

> *Der Altar war geöffnet ... Doch wo waren die Priester und der Diakon? Wo die betende Menschenmenge? Spurlos versiegte plötzlich die Flut der Qualen. Alles herum war Azurblau und Azurblau meine Seele. Mit goldenem Azurblau durchflutet hieltst du eine Blume aus entfernten Welten in deiner Hand und standst da mit einem strahlenden Lächeln, nicktest mir zu und verschwandst im Dunst.*[178]

In London hatte er 1875 während eines Sabbaturlaubs von seinem Religionslektorat an der Moskauer Universität seine zweite Vision. Im Lesezimmer des Britischen Museums war er aktiv auf der Suche nach Sophia, während „geheimnisvolle Kräfte" ihn bei seiner weitläufigen Lektüre hinduistischer Philosophie, des Gnostizismus,[179] Hermetischer Schriften und der *Kabbala* führten.[180]

Schließlich erschien als Antwort auf ein leidenschaftliches Gebet Sophia ein zweites Mal:

> *Und dann eines Tages – es war gegen Herbst – sagte ich zu ihr: „Oh Blüte einer Gottheit! Du bist hier, ich fühle es. Warum hast du dich meinen Augen seit den Jahren meiner Kindheit nicht gezeigt?" Und kaum hatte ich dieses Gebet gedacht, als alles von goldenem Azurblau erfüllt*

---

[lxxviii] russ.: Liebhaber der Weisheit
[lxxix] russ.: Drei Sitzungen

> *war und sie noch einmal vor mir glänzte. – Doch nur ihr Gesicht – es allein.*[181]

Doch Solowjow wollte mehr als nur ein Gesicht, als eine innere Stimme ihm befahl: „Sei in Ägypten!" Sofort gab er seine Studien auf, reiste über Paris durch Frankreich und Italien und fuhr mit dem Dampfer nach Kairo. Mittellos dort angekommen wurde er auf geheimnisvolle Weise nach Theben geleitet, von Beduinen gefangen genommen und wieder freigelassen. Er verbrachte die Nacht in der Wüste und erwachte in angenehmen Rosenduft gehüllt und seiner dritten – und letzten – Vision von Sophia:

> *Und in der purpurroten Pracht des Himmels, mit Augen erfüllt mit azurblauem Feuer, sahst du aus wie der erste Strahl eines weltumfassenden und kreativen Tages.*
>
> *Was ist, was war und was immer sein wird – ein einziger unbeweglicher Blick umfasste alles hier ...*
>
> *Dunkelbau zeigten sich das Meer und die Flüsse unter mir wie der entfernte Wald und die Höhen der schneebedeckten Berge.*
>
> *Alles sah ich, und alles war eins – ein einziges Bild weiblicher Schönheit ... Das Unendliche passte in seine Dimensionen: vor mir, in mir – warst du allein.*
>
> *Oh strahlende Frau! Von dir werde ich nicht betrogen, denn alles sah ich von dir in der Wüste ... Jene Rosen werden in meiner Seele nicht verwelken, wohin auch immer die Wogen des Lebens mich tragen.*[182]

Diese dritte Vision sollte die Quelle seiner philosophischen und poetischen Inspiration während der verbleibenden 24 Jahre seines Lebens sein, die mit seinen „Vorlesungen über das Gottmenschtum" zwischen 1877 und 1878 nach seiner Rückkehr nach Russland begannen.[183]

Solowjow sah sich nicht nur als Anhänger von Sophia, sondern auch als Prophet. Die traditionelle Rolle des Autors als göttlich inspirierter Prophet, verantwortlich für Gestaltung des spirituellen und moralischen Schicksals der Nation, war von zentraler Bedeutung in der russischen Literatur des gesamten 19. Jahrhunderts. Solowjow selbst schrieb: "Durch Feinde bin ich zu den Propheten erhoben worden. Um sich über mich lustig zu machen, gaben sie mir diesen Namen. Doch vor euch bin ich ein wahrer Prophet. Und meine Vorhersage wird bald wahr werden."[184] So kann Solowjow in einem Gedicht verkünden:

> *Lasst es alle wissen: Heute steigt das Ewig-Weibliche in einem unzerstörbaren Körper zur Erde hinunter. Im nie verblassenden Licht der neuen Göttin war der Himmel eins mit den Tiefen geworden.*[185]

Wie unten dargestellt, sollte Solowjow auf spätere Schriftsteller in der Tradition der russischen Sophiologie großen Einfluss haben. Außerdem orientierten sich auch andere religiöser Mystiker wie die Exilanten Sinaida Hippius (1869–1945) und Dmitri Mereschkowski (1865–1941) sowie der Dissident der Sowjetära, Daniil Andrejew (1906–1959), an ihm. Ihre Ideen werden wir im folgenden Kapitel näher betrachten.

**Die Dichter und Maler des Symbolismus**

Vladimir Solowjows Philosophie, Mystik und Dichtung hatten Einfluss auf die Dichter und Sozialreformer, die insgesamt als das russische Silberne Zeitalter bekannt waren – besonders aber auf die symbolistischen Dichter Andrei Bely (1880–1934) und Alexander Blok (1880–1921).

Solowjows Sophia wurde zu Bloks „Schönen Dame" und der „Mit der Sonne bekleideten Frau"[lxxx] von Bely.[186] Im Unterschied zu Solowjows Auffassung teilten beide Dichter jedoch den Glauben, dass Bloks zukünftige Frau, Lyubov Dmitrievna Mendeleeva, die Verkörperung von Sophia war. Dazu muss man feststellen, dass Lyubov es nicht mochte, auf diese Weise etikettiert zu werden. Und in der Tat gibt es Hinweise, dass sie eine von mehreren Frauen war, die sich in symbolistischen Kreisen bewegte und nicht zufrieden damit war, als „keusche Kanäle jenseitiger Einsichten"[187] zu dienen. Sie bestanden im Gegenteil sogar darauf, als „lebendiger Mensch ... mit allen Schönheitsfehlern gesehen zu werden."[188] In seinem Leben kannte Solowjow auch *echte* Sophias. Zu nennen sind da die Gräfin Sofja Tolstaja von Petersburg, die er 1877 traf, Sofia Khitrova (1837–1896) – die Liebe seines Lebens, mit der er Anfang der 1880er Jahre romantisch verbunden war – und Sofia Martynova, die er Anfang 1890 kennenlernte.[189] Doch keine der Dichtungen Solowjows richtet sich direkt an irgendeine der irdischen Sophias. Tatsächlich hatte er schon zwei seiner drei Visionen der göttlichen Sophia erfahren, bevor er die Gräfin kennenlernte. Doch während für ihn das Interesse an der göttlichen Sophia sein ganzes Leben andauerte, war es für Bely und Blok nur eine, ein paar Jahre währende, jugendliche Obsession, nach der sich beide anderen Dingen zuwandten.

Beide jungen Männer waren Mitglieder des Kreises, der sich den Schriften und dem Gedankengut Solowjows verschrieben hatte und der von Solowjows Familie sofort nach seinem Tod im Juli 1900 gegründet wurde. Dieser Kreis bestand aus Mikhail Solowjow und seiner Frau Olga, ihrem Teenagersohn Sergei und dem

---

[lxxx] Damit ist die Mondsichelmadonna oder Apokalyptische Madonna bzw. die Madonna im Strahlenkranz gemeint (Off. 12:1–6).

jungen Boris Bugaev (Andrei Bely). Als Mikhail und Olga 1903 verstarben, führten die beiden jungen Männer zusammen mit Blok den Kreis fort.[190]

1902 beschreibt eine frühe Dichtung Bloks die Schöne Dame:

> *Ich habe eine Vorahnung von Dir. Die Jahre gehen vorbei – Doch immer erscheint dasselbe Bild als Vorahnung von Dir.*

Und in einem anderen Gedicht von 1902:

> *Ich betrete düstere Tempel, führe das strenge Ritual durch und warte dort auf die Schöne Dame im Flackern der roten Lampen.*[191]

Zur Zeit der Veröffentlichung seines ersten Buches *Стихи о прекрасной даме (Stichi o prekrasnoi dame)* (1905)[lxxxi] war es unmöglich festzustellen, welche Gedichte sich an Sophia und welche sich an Lyubov Dmitrievna richteten. Beinahe sofort nach der Veröffentlichung begann Blok jedoch, sich vom Ideal der Schönen Dame abzuwenden. Ab 1908 wird seine Dichtung von einer anderen Gestalt, der „Незнакомка (Neznakomka)", der „Fremden Frau" beherrscht.[192] So dauerte diese Obsession mit der sophienartigen Gestalt, der Schönen Dame, höchstens fünf Jahre. Sie war aber ausreichend, Bloks Ruf als Dichter zu begründen und dafür, Vergleiche mit dem italienischen Dichter Dante Alighieri und seiner schönen Dame Beatrice anzustellen.[193]

Auch Bely erforschte das Bild des Göttlich-Weiblichen. Für ihn war sie Sophia, die Strahlende Jungfrau, Jungfrau der Regenbogentore, Weltseele, Mondjungfrau, Astarte.[194] Der apokalyptische Aspekt wurde vorherrschend und Sophia wurde als „Die Frau mit der Sonne bekleidet" mit „Mütterchen Russland" identifiziert. Zumindest eine Zeit lang glaubte Bely, dass das Göttlich-Weibliche auf die Erde gekommen war:

> *Nein, Du bist auferstanden. Du selbst versprachst, Dich im rosigen Licht zu manifestieren und die Seele beugt sich fromm vor Dir. Und im Licht der Morgendämmerung – und karminroter Ikonenlampen – horcht sie Deinem frommen Seufzer.*
> *Manifestiere Dich! Die Zeit ist gekommen: die Welt ist reif wie eine goldene saftige Frucht. In ihrer Süße ermattet die Welt ohne Dich.*
> *Manifestiere Dich.*[195]

Die Überlegenheit des weiblichen Aspektes des Göttlichen in Belys Schriften wurde ungefähr bis 1908, als ihn sein Zerwürfnis mit den Bloks sich anderen Archetypen zuwenden ließ, aufrechterhalten.

Auch symbolistische Maler wurden durch das Göttlich-Weibliche inspiriert. Pavel Kuznetsov (1878–1968) glaubte schon 1904, dass die Verkörperung der höheren

---

[lxxxi] russ.: *Verse über die Schöne Dame*

Wahrheiten der Welt eine schwangere Frau war und malte eine Leinwandserie wie z. B. „Рождение (Rozdenie)[lxxxii]" (1906). Auch Serge Sudeikin (1884–1946) und Kasimir Malewitsch (1878–1935) schufen Bilder zu den Themen Schwangerschaft, Mutterschaft und früher Kindheit.[196] Nikolai Rerich (1874–1947) kreierte Bilder und Fresken der Weltmutter, zu denen auch ein frühes Fresko von 1910 mit der folgenden Widmung gehörte:

> *Königin des Himmels!*
>
> *Weit oben liegt der himmlische Pfad, an dem der gefährliche Fluss des Lebens entlangfließt. An seinen felsigen Ufern gehen unerfahrene Reisende zugrunde, die nicht imstande sind, den Unterschied zwischen Gut und Böse zu erkennen. Die all-gnädige Königin des Himmels ist besorgt um die unerfahrenen Reisenden. Die All-Gütige eilt denen auf riskanten Pfaden zu Hilfe und möchte allen menschlichen Sündenjammer mit einem reinen Schleier umhüllen. Aus der glänzenden Stadt, dem wundersamen Wohnsitz der Heerscharen der Engel, erhebt Sie sich und versammelt alle Ihre heiligen Steuermänner und hebt Ihre Gebete für die Menschheit empor. Die Engel wundern sich über die Werke der Königin. Aus der Festung erheben sich Legionen. Eine strahlende, glückselige Gastgeberin ist dem großen Ziel verpflichtet. Zum Ruhm der Königin lassen sie ihre Trompeten erklingen und hinter den Festungswällen erheben sich die Erzengel. Cherubim und Seraphim versammeln sich im Namen der Mutter des Herrn. Die Ermächtigten, die Inthronisierten, die Herrschenden streben zusammen und die Großen Quellen, die das Mysterium beinhalten, kommen näher. An den Heiligen Geist, den Großen Herrn sendet die Königin des Himmels Ihre Gebete – für die Reisenden mit beschränktem Verständnis, für den Besuch der Pfade Gottes, für Erlösung, für Schutz und All-Gnade. So hilft der Große Geist!*
>
> *Ein großes Gebet steigt auf zu Dir, das jungfräuliche Gebet der Mutter des Herrn. Lasst uns der Beschützerin danken! Lasst uns die Mutter des Herrn verkünden: Alles Lebendige freut sich an Dir, Du Gesegnete.*[197]

Nach der Revolution verließ Rerich Russland, ließ sich schließlich in Indien nieder und schuf unter seinem amerikanisierten Namen, Nicholas Roerich, weiterhin Bilder und Schriften des Göttlich-Weiblichen.

---

[lxxxii] russ.: Geburt

## Sophia in der späteren orthodoxen Tradition

Aus der Gruppe der Zeitgenossen Solowjows und der folgenden Generation entwickelten sich religiöse Philosophen und Theologen, die in einer immer konzeptionelleren und abstrakteren Art und Weise über Sophia schrieben. Unter den frühsten waren die russischen Prinzen Sergei N. (1862–1905) und Evgeni N. Trubetskoi (1863–1920). Als junge Männer erlebten beide religiöse Krisen, kehrten später zur Orthodoxie zurück und wurden, von Solowjow beeinflusst, zu Philosophen. Sergei Trubetskoi studierte die Philosophie des antiken Griechenlands und die Religionen Indiens und beschrieb Sophia als Vermittlerin zwischen dem Absoluten und dem Menschen.[198] Sein Bruder war sowohl von Solowjow, den Theosophen als auch der Hagia Sophia beeinflusst. Zwischen 1915 und 1916 veröffentlichte er mehrerer Werke wie die *Умозрение в красках* (*Umozrenie w Kraskach*) (1916)[lxxxiii], in denen er die mystischen Auswirkungen der Farbe Rot in den Ikonen der Sophia untersuchte.[199]

Später im 20. Jahrhundert wurden diejenigen, die über Sophia schrieben, einer doppelten Unterdrückung unterworfen, nämlich einmal die der Russisch-Orthodoxen Kirche und die in der Heimat verbliebenen außerdem die der atheistischen sowjetischen Ideologie und ihres allmächtigen bürokratischen Apparats.

Pawel Florenski (1882–1937) war Wissenschaftler und ordinierter Priester, dessen Interesse an Sophia bereits 1905 begann und das sich in einem ersten, 1911 erschienenen Artikel zeigt. In seinem Meisterwerk *Столп и утверждение истины* (*Stolp i Utwerschdenie Ismini*) (1914)[lxxxiv] verfolgte Florenski die Entwicklung der Sophia in der russischen Tradition bis zu ihren Ursprüngen in Byzanz und noch weiter zurück bis nach Syrien, zu Pallas Athene in Griechenland und der ägyptischen Vorstellung von der göttlichen Mutterschaft. Er gehörte zunächst nicht zu der großen Gruppe von Intellektuellen, die 1922–23 ins Exil geschickt wurden, sondern arbeitete weiter als Wissenschaftler und trug weiter ein priesterliches Gewand. Schließlich wurde er dennoch in ein sowjetinternes Exil gesandt und inzwischen ist bekannt, dass er im Konzentrationslager Solovki umgekommen ist.[200]

---

[lxxxiii] russ.: *Kontemplation in Farben*
[lxxxiv] russ.: *Der Pfeiler und die Grundfeste der Wahrheit*

**Abb. 17: Königin des Himmels (1931)**

Spätere Skizze zum Wandbild in der Kirche des Heiligen Geistes in Talashkino von Nicholas Roerich[201]

Sergei Bulgakow (1871–1944) hatte seine erste Offenbarung von Sophia, während er 1894 im Kaukasus unterwegs war, gefolgt von einer zweiten vor Raphels Sixtinischer Madonna in der Dresdner Galerie (1898) und einer dritten während einer klösterlichen Einkehr im Jahr 1908. Für Bulgakow war Sophia das Ewig-Weibliche und seine Schriften darüber, angefangen mit *Свет невечерний (Swet Newetschernii)* (1917)[lxxxv], sollten große Kontroversen in der russischen Orthodoxen Kirche auslösen. 1918 zum Priester geweiht, verlor Bulgakow seine Professur bald danach und widmete sich dem Schreiben. 1922 verbannt, machte er sich auf den Weg nach Konstantinopel, wo er Sophia in der orthodoxen Göttlichen Weisheit der Hagia-Sophia-Kathedrale widergespiegelt erfuhr. Bulgakow wurde Mitglied der Fakultät der russischen Theologischen Akademie in Paris, wo seine sophialogischen Lehren – und insbesondere ihre weibliche Symbolik – Hauptgegenstand der Auseinandersetzung der sich streitenden Splittergruppen der Orthodoxen Kirche außerhalb Russlands im Laufe der 1920er und der 1930er Jahre wurden. Das verstärkte sich nach der Veröffentlichung von *Агнец Божий (Agnez Boschii)* (1933)[lxxxvi] und 1935 wurde er sowohl für einen Ketzer in der Tradition Böhmes und Solowjows gehalten als auch für einen Gnostiker, da er eine weibliche Terminologie im Zusammenhang mit Sophia verwendete.[202]

Darüber hinaus gibt es noch andere Schriftsteller in der russischen religiösen Tradition, die aber möglicherweise eher in einer intellektuellen und verschachtelten Art über Sophia geschrieben haben. Als Beispiele wären hier Nikolai Berdjajew (1874–1948), Nikolai Losski (1870–1965)[203] und Vladimir Losski (1903–1958) zu nennen.[204]

Nikolai Berdjajew wurde in Kiew in eine russische Militärfamilie geboren. Er wies eine militärische Karriere zurück, befasste sich mit Philosophie und wurde eine Zeit lang Marxist. Als er sich religiösen und mystischen Ideen zuwandte, wurde er u. a. von Solowjow beeinflusst. Jedoch akzeptierte er nie ganz Bulgakows Doktrin der Sophiologie,[205] wohl aber mit Sicherheit die Vorstellung des Ewig-Weiblichen.[206]

Auch Andrej Scheptyzkyj (1865–1944), Erzbischof und Metropolit der griechischen Katholischen Kirche in der Ukraine von 1900–1944, sollte erwähnt werden, dessen persönliche Spiritualität vollständig an sein Verständnis der Sophia als die Weisheit Gottes gebunden war. Scheptyzkyj schrieb fast ausschließlich auf Ukrainisch und erst in jüngerer Zeit verbreiten sich Schriften auch unter nicht-ukrainischen Lesern.[207]

---

[lxxxv] dt. Ausgabe: *Das abendlose Licht*
[lxxxvi] dt. Ausgabe: *Das Lamm Gottes*

## Zusammenfassung

Die russische mystische Tradition stützt sich auf zwei Ursprünge hinsichtlich Rolle Sophias, nämlich der byzantinischen göttlichen Weisheit, die sich, wie in Kapitel 1 skizziert, wiederum von der jüdische Weisheitstradition ableitet und der Einführung der theosophischen Schriften Jacob Böhmes, John Pordages und anderer in Russland. Diese mystische Überlieferung wird dann durch die philosophischen und religiösen Schriften Vladimir Solowjows weiterentwickelt, der als junger Mann tief unter dem Einfluss seiner drei Visionen von Sophia stand. Der Einfluss von Solowjows Sichtweise der Sophia auf spätere russische Dichter, Maler, Schriftsteller und Theologen war und ist beträchtlich und wurde in diesem und wird auch in Kapitel 4 hinsichtlich der visionären Schriften der Befürworter des Dritten Zeitalters untersucht.

**Abb. 18: Sophia, die Weisheit Gottes**

… mit den Erzengeln Michael und Gabriel ganz außen (oben);
Das Letzte Abendmahl (unten), 19. Jahrhundert[lxxxvii]

---

[lxxxvii] vergl. a. Abb. 14, S. 56 und Abb. 16., S. 59

## 4 Prophetische Visionen der Göttin im 19. und frühen 20. Jahrhundert

Im 19. und 20. Jahrhundert begannen die Schriften über das Göttlich-Weibliche, die Vorstellung von einer gesellschaftlichen Transformation durch die bevorstehende Ankunft der Göttin in menschlicher Form zu entwickeln. Daran waren mehrere verschiedene Elemente beteiligt. Zunächst gehört dazu die ältere Tradition der Sophia, wie sie bei den deutschen romantischen Schriftstellern Hölderlin, Novalis und Goethe (s. Kapitel 2) beobachtet werden kann. Später zählen dazu auch die visionäre Dichtung des russischen Philosophen Vladimir Solowjows und die russische Sophientradition (s. Kapitel 3), die Mitte des 20. Jahrhunderts zu der unten untersuchten Роса Мира (Rosa Mira)[lxxxviii] von Daniil Andrejew führt. Zweitens gibt es einzelne Visionäre wie William Blake und Goodwyn Barmby, die Teil einer langen prophetischen Tradition in England sind. Sie blüht in ihrer heutigen Form Anfang des 17. Jahrhunderts auf und dauert bis zum Beginn des 20. Jahrhunderts an. Drittens gibt es die neuere Tradition von Prophezeiungen des Göttlich-Weiblichen. Man konnte sie in der zweiten Hälfte des 19. Jahrhunderts in den Schriften englischer und französischer Sozialreformerinnen, wie den Spiritualistinnen und Theosophinnen Lady Caithness und Anna Kingsford und in denen der französischen Spiritualisten und Gnostiker Jules Doinel und Leonce Fabre des Essarts finden. Viertens bestehen Theorien des bevorstehenden Dritten Zeitalters des Göttlich-Weiblichen. Einige waren, direkt oder indirekt, von den Schriften des im 12. Jahrhundert lebenden, christlichen Mönchs Joachim von Fiore inspiriert und waren im Europa des 19. und Anfang des 20. Jahrhunderts in verschiedenen Schriften zu finden, zu denen auch die der russischen Exilanten Sinaida Hippius und Dmitri Mereschkowski gehörten.

---

[lxxxviii] russ.: Weltrose, Rose der Welt

**Abb. 19: Blakes Darstellung von Jerusalem als Frau**

Hier aus *Milton a Poem*[208] (ca. 1804–1811)

## Missverstanden in ihrer Zeit: Blake und Barmby

William Blake (1757–1827) und Goodwyn Barmby (1820–1881) waren englische Sozialreformer, von denen jeder eine individualistische Annäherung an gesellschaftliche Reformen verfolgte, die von ihren Zeitgenossen missverstanden wurde. Aufgrund seiner außerordentlich erleuchteten Bücher und der darin enthaltenen prophetischen Verse ist der erstere inzwischen weltberühmt, der letztere – vielleicht unfairerweise – aufgrund seines frühen Gebrauchs des Wortes „Kommunist" jedoch nur eine Fußnote in der Geschichte.[209] Im Kontext dieser Studie hatten beide prophetische Visionen des Göttlich-Weiblichen und können als Teil der englischen radikal-spirituellen prophetischen Tradition gesehen werden. Wie wir in Kapitel 2 sahen, war diese im 17. Jahrhundert lebendig und wohlauf und setzte sich im Laufe des 18. Jahrhunderts und, wie wir in diesem Kapitel sehen werden, auch durch das 19. und bis Anfang des 20. Jahrhunderts mit den theosophischen Feministinnen und ihren männlichen Kollegen fort.

So viel ist bereits über William Blakes prophetische Bücher geschrieben worden, dass man sich fragt, was noch zu sagen bliebe?[210] Hier biete ich einige Kommentare zu *Jerusalem* als eine Manifestation des göttlichen Weiblichen an. Der idealistische Gebrauch von „Jerusalem" als ideale, vollkommen heilige Stadt ist wohlbekannt und man begegnet ihm oft, sowohl bei jüdischen als auch christlichen Autoren.[211] Zudem gibt es das Neue Jerusalem im Buch der Offenbarung des Neuen Testaments der christlichen *Bibel* (Off. 3:12; 21:2).[212] Blake war sicherlich mit dieser Vorstellung vertraut, da seine Eltern Mitglieder von Emmanuel Swedenborgs Kirche des Neuen Jerusalems im London von 1780 waren.[213] So verwendet Blake das Bild der Stadt Jerusalem in seinen prophetischen Büchern, besonders in *Milton* und *Jerusalem*, wobei er viele Symbole und Details seines Wohnsitzes in Lambeth, 1790, einfließen lässt.[214] Blake schlägt „Jerusalem" zusätzlich als weibliches Gegenstück zum männlichen „Albion" vor.[215] In *Milton* verweist Blake auf "Jerusalem, das jetzt herabstieg aus dem Himmel, eine Stadt, doch eine Frau"[216] und offeriert mit der Tafel 46 eine deutliche Darstellung des weiblichen Jerusalems mit ihren Töchtern.[217] Im prophetischen Text *Jerusalem* spricht der „Vater des Universums" durch Albion zu Jerusalem:

> *Wach auf! Jerusalem, erwache! O liebliche Emmanation Albions. Erwache und verbreite dich in allen Ländern wie in alter Zeit. Denn siehe! Die Nacht des Todes ist vorbei und der Ewige Tag erscheint auf unseren Hügeln: Erwache Jerusalem und komme.*[218]

Goodwyn Barmby machte in seinen frühen Jahren mehrere kurzlebige Versuche, am Kommunalleben teilzunehmen, insbesondere nach seiner Hochzeit mit Catherine. Sie gründeten und führten die Kommunistische Kirche in London (1841–1849), begegneten aber dem Hohn ihrer Zeitgenossen.[219] Goodwyn Barmbys

## Prophetische Visionen der Göttin im 19. und frühen 20. Jahrhundert

Gedicht „The Woman-power" (1842)[lxxxix], beinhaltet eine prophetische Vision des Göttlich-Weiblichen:

*Woman-Saviour now we muster*
*To await thy advent sure,*
*In the cluster of thy lustre,*
*Come and leave the earth no more?*
*Then before thy gentle look,*
*Swords shall quail and warriors fail,*
*And the spear, a shepherd's crook,*
*Shall adorn the daisied dale.*
*Woman-power! Incarnate love!*
*Human Goddess come and be,*
*If the Bridegroom's tears can move,*
*Bride unto Humanity.*
*Thou alone of all can save us*
*Let us be what thou would have us!*


*Wir versammeln uns, Erlöserin, als Ganzes*
*Für Deinen kommenden und wirklichen Advent,*
*In der Traube Deines Glanzes,*
*Komm sei der Erde Fundament?*
*Dann, vor Deinen sanften Blicken,*
*Schwert erzittre, Krieg versage,*
*Soll das Tal der Tausendschöne schmücken,*
*Jeder Speer als Hirtenstabe.*
*Kraft der Frau! Der Liebe Form gegeben!*
*Menschliche Göttin, komm und sei*
*Die Menschheitsbraut, falls Dich bewegen*
*Kann des Bräutigams Geschrei.*
*Erlösen kannst nur Du allein.*
*Was Du uns lassen möchtest, lass uns sein!*[220, xc]

---

[lxxxix] *Die Kraft der Frau*
[xc] eigene Übersetzung

Doch die Barmbys realisierten, dass dies zur Zukunft gehörte. Folglich schrieb Goodwyn Barmby Anfang der 1840er Jahre einem Freund: „Aber die Freie Frau, die der ganzen Welt die weibliche Note geben soll, hat sich noch nicht manifestiert."[221] In ihrer wegweisenden feministischen Druckschrift „The Demand for the emancipation of women" (1843)[xci] forderte Catherine Barmby: „Wir haben den Priester und fordern folglich die Priesterin, die Lehrerin des Wortes, die Apostelin von Gottes Gesetz!"[222] Seit mehreren Jahrzehnten wird in Catherine (Kate) Barmby inzwischen zunehmend eine frühe britische Feministin gesehen und in der Tat vermitteln ihre Schriften ein modernes Gefühl.

## Einige feministische Ansichten

Bevor man diese prophetischen Visionen und ihre Empfänger in Betracht zieht, kann es nützlich sein, einige der Feministinnen zu erwähnen, deren Schriften das Bewusstsein für den weiblichen Aspekt des Göttlichen im Laufe des 19. Jahrhunderts vermehrten. Während sie die historische Hingabe der Männer im Laufe der Jahrhunderte zum Bild der Maria als Madonna anerkennt, gibt die englische Feministin und Kunstkritikerin Anna Jameson (1794–1860) in der Einleitung zu ihren *Legends of the Madonna* (1852)[xcii] noch weiter ihrer persönlichen Ansicht Ausdruck, dass

> *ich in der fortwährenden Wiederholung dieses schönen Bildes der hochgesegneten FRAU – dort, wo andere nur Bilder sahen oder Statuen, die große Hoffnung gesehen habe, die wie ein Geist neben der sichtbaren Gestalt stand.*[223]

Frances Power Cobbe (1822–1904) stellte die Maskulinisierung des Göttlichen in Frage und verlangte nach einer elterlichen, aber nicht väterlichen Gottheit:

> *Wir haben genug von den männlichen Vorstellungen von Gott – des Gottes als König, als ‚Mann des Krieges, des Demiurgen, dem Beweger aller Dinge' und dann, schließlich seit christlichen Zeiten, von Gott als dem Vater der Welt ... Aber von der weiblichen Vorstellung von Gott als ‚Elternteil des Allmächtigen Guten', das in sich die Sorge des Vaters und die Zärtlichkeit der Mutter vereinigt, davon haben wir bis jetzt noch nichts gehört.*[224]

Auch Josephine Butler (1828–1906) rief den „Großen Vater-Mutter-Gott" an,[225] und die amerikanische Feministin Margaret Fuller (1810–1850) verwies in ihrem *Woman in the Nineteenth Century* (1845)[xciii] auf Gott als den „Schöpfer-Geist".[226] Die englische Frauenrechtlerin und theosophische Feministin Frances Swiney

---

[xci] *Das Erfordernis zur Emanzipation der Frauen*
[xcii] *Legenden der Madonna*
[xciii] *Die Frau im 19. Jahrhundert*

(1847–1922) erklärte weiter, dass "unter den Christusgläubigen die weiblichen Eigenschaften vorherrschen und Mann und Frau eins sein werden"[227], und die österreichische visionäre Feministin Marianne Hainisch (1839–1936) schrieb über das „Ewig-Weibliche":

> *Die Natur sorgt dafür, daß das ewig Weibliche nicht verloren gehe. Alle Verhältnisse beherrschend, alle Hindernisse besiegend, allen Zwiespalt ausgleichend, webt ein Mächtiges über uns: die Liebe. Sie wird ewig sein, sie wird immer und ewig dem Weibe die Hingebung, die Selbstentäußerung, die Demuth zur höchsten Seligkeit gestalten ...*[228, 229]

Solche Ansichten machten Hainisch bei anderen Wiener Feministinnen nicht gerade beliebt, die mehr an den wirtschaftlichen Rechten der Frauen ihrer Zeit interessiert waren.

Auch Hazrat Inayat Khan (1882–1927) könnte hier erwähnt werden, ein indischer Sufi, der ab 1910 im Westen in Frankreich ansässig lebte und den Internationalen Orden der Sufis gründete. Er drückte die Ansicht aus, dass:

> *Es gibt kein Arbeitsgebiet oder Studium, das die Frau im Westen nicht genauso gut beschreitet und vollbringt wie ein Mann. In der Religion, bei spirituellen Ideen, in sozialen und politischen Tätigkeiten übertrifft sie sogar den Mann. ... So hell wie der Tag kann ich die Stunde kommen sehen, in der die Frau die Menschheit zu einer höheren Evolution führen wird.*[230]

Diese Ansicht wird auch von europäischen Schriftstellern Anfang des 20. Jahrhunderts wie Otfried Eberz (1878–1958) vertreten, der im *Von Aufgang und Niedergang des männlichen Weltalters* (1929–31) schrieb: "Vielleicht steht am Ende der Geschichte wie an ihrem Anfang ein weibliches Weltalter; vielleicht rettet die Frau sich selbst und den Mann noch einmal von seinem manischen Zerstörungstrieb."[231, 232]

## Prophetische Visionen in der Literatur der Mitte des Jahrhunderts: Hawthorne und Andersen

Das Thema vom Göttlich-Weiblichen, das in der Zukunft eine Transformation bringt, kann, obwohl noch selten, immer häufiger in der Literatur des fortschreitenden 19. Jahrhunderts gefunden werden. Der amerikanische Schriftsteller Nathaniel Hawthorne (1804–1864) drückte in seinen Notizbüchern und Romanen einige Male die Hoffnung aus, dass eine neue, von einer reinen Apostelin gegründete Religion entstehen und das ersetzen würde, was seinem Empfinden nach die unbefriedigenden Reste des Christentums waren. Verflochten mit dieser

Vorstellung waren seine Ansichten über Frauen allgemein und speziell die Einstellung gegenüber seiner Ehefrau Sophia. Am Ende seines Roman *The Scarlet Letter* (1850)[xciv] schreibt Hawthorne:

> *Besonders Frauen kamen in ihre Hütte – von den ewig wiederkehrenden Leiden wunder, verschwendeter, gekränkter, mißverstandener oder irrender und sündiger Leidenschaft heimgesucht oder mit der schweren Bürde eines hingabebereiten Herzens, das keiner kennt und begehrt. Sie wollten wissen, warum sie so elend seien und was sie heilen könne. Hester tröstete und beriet sie, so gut sie konnte. Sie versicherte ihnen auch, daß sie fest glaube, in einer späteren lichteren Zeit, wenn die Welt reif dafür geworden sei, in einem himmlischen Zeitalter, werde sich eine neue Wahrheit offenbaren und das ganze Verhältnis zwischen Mann und Frau auf einen festeren Boden beiderseitigen Glückes stellen. ... Wohl müsse der Künder und Apostel dieser kommenden Wahrheit eine Frau sein, aber eine erhabene, reine und schöne, die auch weise sein müsse, nicht durch dunkles Leid, sondern durch himmlische Freude; eine Frau, die vor allem in ihrem eigenen Leben zeigen müsse, wie glücklich wahre Liebe macht.*[233, [234]]

Hier finden wir eine prophetische Vision vom bevorstehenden Kommen eines Engels, eines weiblichen Apostels, um die menschlichen Beziehungen umzustrukturieren und durch ein auf der Erde gelebtes Leben einen neuen, auf Liebe gründenden Weg zu demonstrieren.[235]

Der für seine Kinderkurzgeschichten wohlbekannte dänische Schriftsteller Hans Christian Andersen (1805–1875) versuchte, davon mehrere als "philosophische Geschichten"[236] mit visionären und prophetischen Eigenschaften zu unterscheiden. In „Om Aartusinder" (1852)[xcv] reisen zukünftige amerikanische Touristen im Luftschiff nach Europa, landen in England und reisen weiter nach Frankreich durch den Tunnel unter dem Kanal und besuchen ganz Europa in sieben Tagen.[237] „Det nye Aarhundredes Musa" (1861)[xcvi] beginnt:

> *Die Muse des neuen Jahrhunderts, die die Kindeskinder unserer Kinder, vielleicht sogar ein noch späteres Geschlecht, nicht aber wir kennenlernen werden – wann wird sie erscheinen? Wie wird sie aussehen? Was wird sie singen? Welche Saiten der Seele wird sie anschlagen? Auf welchen Höhepunkt wird sie ihr Zeitalter erheben?*

Andersen ist zurückhaltend, wo diese Göttin erscheinen wird und peinigt den Leser:

---

[xciv] dt. Ausgabe: *Der Scharlachrote Buchstabe*
[xcv] dt. Fassung: „In Jahrtausenden"
[xcvi] dt. Fassung: „Die Muse des neuen Jahrhunderts"

> *An einem schönen Frühlingsmorgen kommt sie auf dem Drachen der Lokomotive dahergebraust durch Tunnel und über Viadukte ...*

Und in der Antwort auf das rhetorische "Und wann ist die Zeit reif, für sie zu kommen?", hat Andersen eine prophetische Anmerkung zu machen:

> *Bald fällt die chinesische Mauer; die Eisenbahnen Europas erreichen das Kulturarchiv Asiens – die zwei Kulturströmungen begegnen sich! Dann vielleicht braust die Flut mit ihrem tiefen Klang, wir Alten der Gegenwart werden zittern bei den starken Tönen ...*[238, 239]

Diese kurze Geschichte beschreibt eine prophetische Vision der zukünftigen Ankunft des weiblichen Prinzips des Göttlichen und des Ineinandergreifens der europäischen und asiatischen Kulturen in der Globalisierung des späten 20. und frühen 21. Jahrhunderts.

**Spiritismus, Feminismus und Theosophie**

Im letzten Teil des 19. Jahrhunderts begegnen uns mehrere Individuen, die zu verschiedenen Zeiten ihres Lebens als Spiritualisten (oder in Frankreich als Spiritisten), Feministinnen, Theosophen und manchmal als alles davon gleichzeitig bezeichnet werden können. Es muss hier betont werden, dass Etiketten fließende Übergänge haben. D. h., nicht alle Spiritualisten wurden Mitglieder theosophischer Gesellschaften – in Frankreich z. B. wurden einige zu gnostischen Christen – und nicht alle weiblichen Spiritualisten betrachteten sich als Feministinnen. Außerdem wurden auch viele zunächst Mitglieder der o. g. Gesellschaften, traten wieder aus oder gründeten andere. Manche traten auch entstehenden Bewegungen wie der Christlichen Wissenschaft bei oder kehrten einfach in die Hauptströmung des Christentums zurück. Für viele bildete das auf ihren eigenen oder Visionen von anderen gründende Verständnis einen gemeinsamen Nenner, dass es eine zukünftige Manifestation des Göttlich-Weiblichen oder der Weltmutter geben würde, um die Erde und ihre menschlichen Einwohner vor den Konsequenzen ihrer Handlungen zu bewahren.

1881 war die wohlhabende Spiritualistin und spätere Theosophin Marie Sinclair, Herzogin von Pomar und Gräfin von Caithness (1830–1895), Gastgeberin einer Séance in ihrem Palast in Nizza, Frankreich, in dem ihr offenbart wurde, dass es eine Revolution in der Religion geben würde, die auf ein "Neues Zeitalter Unserer Dame des Heiligen Geistes"[240] hinauslaufen würde. In ihrem Buch *The Mystery of the Ages* (1887)[xcvii] kommentiert sie:

---

[xcvii] *Das Mysterium der Zeitalter*

> *Es wurde allgemein in Betracht gezogen, dass zur Wende des nächsten Jahrhunderts, die nächste göttliche Inkarnation vorhat, zur Erde zu kommen und weiblich sein würde, der Advent der Göttlichen Weisheit oder Theo-Sophia – und, dass das gegenwärtige Zeitalter dasjenige sein würde, das all das bekannt macht, was von Anfang an geheim gehalten worden ist.*[241]

Ein langfristiger Partner von Lady Caithness war Jules Doinel (1842–1903), ein Bibliothekar, Antiquitätenhändler, Freimaurer und praktizierender Spiritist, der gegen Ende der 1880er Jahre ein Interesse für die mittelalterlichen Katharer und frühe Mystiker wie die Gnostiker entwickelte, auf die sich die frühen christlichen Autoren beziehen. Während verschiedener, von Lady Caithness gehaltener Séancen versuchte Doinel, sich mit katharischen und gnostischen Geistern in Verbindung zu setzen und hatte wiederkehrende Kommunikationen mit der göttlichen Weiblichkeit in einem gnostischen, genauer gesagt valentinischen[xcviii] Rahmen.[242] Unter dem geheimnisvollen Namen Tau Valentin II gründete Doinel 1890 die französische Gnostische Kirche mit sich selbst als Patriarchen.[243] Diese Gnostische Kirche – heute bekannt als Eglise Gnostique Universelle Catholique – durchlief mehrere Namensänderungen während die Hauptakteure diskutierten und sich schließlich zerstritten. Vor Doinels Lossagung von der Kirche Mitte der 1890er Jahre – er trat ihr übrigens ein paar Jahre später wieder bei – schrieb er einen *Gnostischen Katechismus* (1895). Im Kapitel 7 wird vom Befragten verlangt zu sagen:

> *Ich bin ein valentinischer Gnostiker. Pleroma ist mein Vater, Christos mein Retter, Simon und Valentinus sind meine Ärzte, Helena und Sophia geben mir moralischen Beistand und ich warte auf den Advent unserer Dame Pneuma Hagion, der Ewig-Weiblichen.*[244]

Der Nachfolger Doinels als Patriarch war der als Tau Synesius bekannte Leonce Fabre des Essarts (1848–1917). In einem Vortrag auf dem Congres Maconnique Spiritualiste[xcix] über „Le dogme de la salvation feminine[c]" und die Gnostische Kirche, gehalten in Paris 1908, kommentierte er:

> *Unter unseren Grundsätzen gibt es einen, auf den ich besondere Aufmerksamkeit lenken soll: der Grundsatz von der weiblichen Erlösung. Die Arbeit des Vaters ist vollbracht worden, die des Sohnes ebenso. Es bleibt die des Geistes, der allein dazu fähig ist, die letzte Erlösung der Menschheit auf der Erde zu erreichen und dadurch den Weg für die Wiederein-*

---

[xcviii] Hier ist Valentinus, auch Valentinos, Valentin, Valentinian oder Valentius († nach 160), ein christlich-gnostischer Lehrer gemeint
[xcix] franz: Freimauer- und Spiritualistenkongress
[c] franz.: Die Lehre von der weiblichen Erlösung

> *setzung des Geistes zu bereiten. Jetzt entspricht der Geist, der Paraklet[ci], dem Göttlichen mit einer weiblichen Natur und unsere Lehren stellen ausdrücklich fest, dass das die einzige Seite der Gottheit ist, die unserem Geist wahrlich zugänglich ist.*[245]

In diesem Auszug folgt Fabre des Essarts dem katharischen und gnostischen Gebrauch von „Paraklet", um den Geist zu beschreiben. Für ihn liegt die Erlösung im Göttlich-Weiblichen.

Die englische Spiritualistin, Feministin und Theosophin Anna Kingsford (1846–1888) war eine der ersten Frauen in Großbritannien, die sich als Doktorin der Medizin qualifizierte und Pionierin des Vegetarismus und des Tierschutzes. Ihre Zusammenarbeit mit Edward Maitland in einer Vortragsreihe und bei dem Buch *The Perfect Way* (1881)[cii] führte zu einer Einladung, der Theosophischen Gesellschaft beizutreten, in der Dr. Kingsford 1883 zur Präsidentin der Londoner Loge gewählt wurde. Jedoch führten Differenzen darüber, inwieweit christlichen religiösen Quellen der Vorzug vor asiatischen zu geben wäre, zu ihrem Weggang, um die Hermetische Gesellschaft zu gründen. Ihr ganzes Leben hindurch hatte Anna Kingsford Visionen und Träume, und diese „Illuminationen", wie sie sie nannte, wurden von Maitland im posthum veröffentlichten *Clothed with the Sun* (1889)[ciii] aufgezeichnet. Darin enthalten war eine prophetische Vision des Göttlich-Weiblichen, die in Paris am 7. Februar 1880 empfangen wurde:

> *Eine Prophezeiung des Königreichs der Seele – geheimnisvoll ‚Der Tag der Frau' genannt:*
>
> 1. *Und jetzt zeige ich euch ein Mysterium und etwas Neues, das Teil des Mysteriums vom vierten Tag der Schöpfung ist.*
> 2. *Das Wort, das kommen soll, um die Welt zu retten, soll von einer Frau ausgesprochen werden.*
> 3. *Eine Frau soll die Botschaft von der Erlösung empfangen und verkünden.*
> 4. *Denn die Herrschaft Adams erreicht ihre letzte Stunde und Gott soll alle Dinge durch die Schöpfung Evas krönen.*
> 5. *Bis jetzt war der Mann alleine und herrschte über die Erde.*
> 6. *Doch wenn die Frau erschaffen werden soll, wird Gott ihr das Königreich geben und sie soll zuerst herrschen und die am höchsten Gewürdigte sein ...*
> 12. *So, dass der Mann als Manifestor sein Amt aufgeben und die Frau als Deuterin der Welt das Licht bringen soll.*
> 13. *Ihr gehört das vierte Amt: sie offenbart das, was der Herr manifestiert hat.*

---

[ci] lat.: wird heute meistens mit dem Heiligen Geist identifiziert
[cii] *Der perfekte Weg*
[ciii] *Bekleidet mit der Sonne*

> 14. *Ihr gehört das Licht der Himmel und der hellste Planet unter den heiligen sieben.*
> 15. *Sie ist die vierte Dimension; ihre Augen erleuchten die Macht, die nach innen zieht zu Gott.*
> 16. *Und ihr Königreich wird kommen, der Tag der Erhebung der Frau ...*
> 20. *Denn die Frau ist die Krone des Menschen und die letzte Manifestation der Menschheit.*
> 21. *Wenn sie offenbart werden soll, steht sie dem Throne Gottes am nächsten.*
> 22. *Doch die Schöpfung der Frau ist noch nicht vollständig. Sie soll jedoch in der Zeit vollendet sein, die bevorsteht.*
> 23. *Alle Dinge sind mein, Oh Mutter Gottes[246]: alle Dinge sind mein, Oh Du, die Du aufsteigst aus dem Meer. Und Du sollst über alle Welten herrschen.[247]*

Man sollte darauf hinweisen, dass diese Vision um ein Jahr der oben besprochenen Vision von Lady Caithness vorangeht.

## Das Dritte Zeitalter

Die Faszination, menschliche Bemühung der Vergangenheit, Gegenwart und Zukunft in Zeitalter zu kategorisieren, kann in vielen Zivilisationen beobachtet werden. Unter der Überschrift „Die Zeitalter des Menschen: eine Typologie" habe ich versucht, in tabellarischer Form eine Übersicht im Anhang zu geben.[civ] Vielfältige Typologien waren immer verfügbar und die frühsten stammten von den griechischen Schriftstellern Hesiod (ca. 750 v. Chr.), der fünf „Geschlechter" beschreibt sowie von Pythagoras (ca. 570–497 v. Chr.), Ovid (43 v. Chr. bis 17 n. Chr.) und dem römischen Schriftsteller Florus (ca. 70–140 n. Chr.), der eine Typologie der vier Zeitalter verwendet. Aristoteles (384–322 v. Chr.) beschreibt drei, Solon (630–560 v. Chr.) zehn, Plato (427–347 v. Chr.) zwölf und Ptolemäus (ca. 85–165 n. Chr.) vier bzw. sieben Zeitalter.[248]

Trinitarische Theorien der christlichen Zeitrechnung beziehen drei Zeitalter ein, die bei Gregor von Nazianz (ca. 330–390) beginnen und bis zum gegenwärtigen Tag in der besonders einflussreichen „Drei-Stadien-Lehre" des Joachim von Fiore (1130–1202) andauern. Als eine der beiden anderen bedeutenden jüdisch-christlichen Typologien ist die „Sieben-Weltalter-Theorie" zu nennen, die auf den sieben Wochentagen basiert und meistens als die Theorie der sechs Weltalter (d. h. sechs historische plus ein siebtes ewiges) bekannt ist. Sie wurde von dem

---

[civ] s. S. 81

einflussreichen christlichen Schriftsteller Augustinus von Hippo (354–430) beschrieben. Die andere Vier-Zeitalter-Theorie wird aus medizinischen Texten abgeleitet.[249]

Überall in Europa entstand in den letzten Jahrzehnten des 19. und in der ersten Hälfte des 20. Jahrhunderts der Glaube, dass das dritte von drei Zeitaltern kurz bevorstünde und dass dieses Zeitalter das des Heiligen Geistes, der Mutter, des Göttlich-Weiblichen sein würde. Es ist allerdings fraglich, inwieweit dies auf der Drei-Stadien-Lehre des christlichen Abts Joachim von Fiore (1135–1202) aus dem 12. Jahrhundert beruht, und es ändert sich mit jedem Autor.

Joachim von Fiore behauptet in seinem *Concordia novi et veteris Testamenti*[cv], einem Teil seiner *Expositio in Apocalypsim*[cvi] (begonnen 1183):

> *Das erste der drei Stadien, von dem wir sprechen, war die Zeit des Gesetzes, als das Volk Gottes wie ein kleines Kind einige Zeit unter den Elementen der Welt diente. Sie waren noch nicht imstande, die Freiheit des Geistes zu erreichen, bis der kam, der sagte: "Wenn euch also der Sohn befreit, dann seid ihr wirklich frei [Joh. 8:36]."*
> *Das zweite Stadium war das des Evangeliums und dauert bis in die Gegenwart an – mit einer Freiheit im Vergleich zur Vergangenheit aber nicht mit der Freiheit im Vergleich zur Zukunft ...*
> *Das dritte Stadium wird am Ende der Welt kommen und nicht mehr unter dem Schleier des Buchstabens stehen, sondern in der vollen Freiheit des Geistes, wenn ... die, die vielen Gerechtigkeit lehren, für immer wie die Pracht des Firmaments und wie die Sterne sein werden.*[250]

Diesen langen Auszug gebe ich wieder, so dass der Leser Joachim von Fiores Einfluss auf die weiter u. g. Schriftsteller des späten 19. und frühen 20. Jahrhunderts bewerten kann. Man sollte auch darauf hinweisen, dass diese Schriftsteller keinen unmittelbaren Zugang zu den lateinischen Texten von Joachim gehabt haben können, sondern von seinen Ideen nur aus Berichten aus zweiter oder sogar dritter Hand erfuhren.[251]

---

[cv] lat.: *Übereinstimmung des Alten und Neuen Testaments* (Kapitel 5, f. 5r-v)
[cvi] lat.: *Auslegung der Apokalypse*

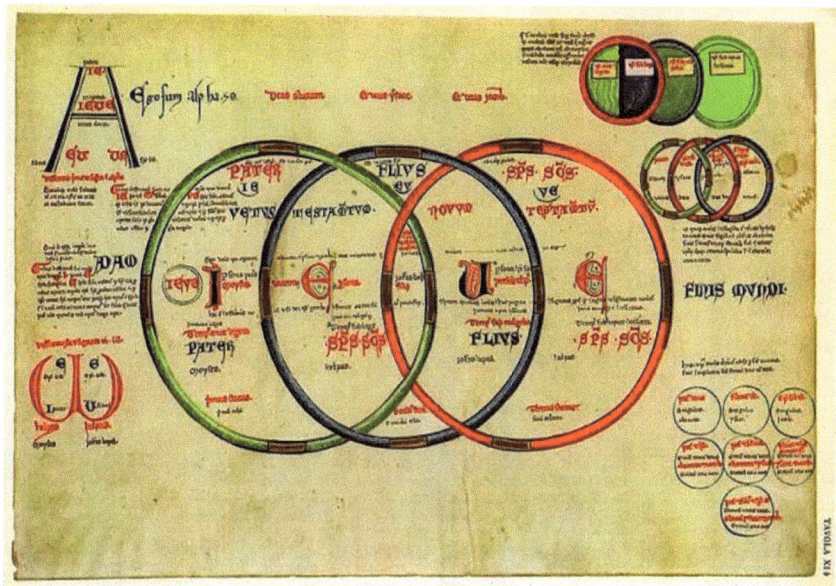

**Abb. 20: Tafel XIb mit den drei Stadien Joachim von Fiores …**

… aus dem *Liber Figurarum*, zusammengestellt nach seinem Tod in 1202. Die drei Kreise symbolisieren neben den drei Zeitaltern (Zuständen, Zeiten) die jeweils herrschenden Aspekte der Heiligen Dreieinigkeit mit Gott dem Vater (grün), dem Sohn (blau) und dem Heiligen Geist (rot).

Der in England geborene irische Schriftsteller Lionel Johnson (1867–1902) arbeitete mit William Butler Yeats (1865–1939) bei der Entwicklung einer Doktrin im joachimschen Stil eines bevorstehenden Dritten Zeitalters des Geistes zusammen. Gestützt auf eine berühmte Passage in Joachims *Liber Concordie*, konzentriert sich das Johnsons Gedicht „Vita Venturi Saeculi[cvii]" (1902) in für dieses Genre ungewöhnlicher Weise auf die Lieblichkeit des dritten Stadiums (Zeitalters):

---

[cvii] lat.: *Das Leben im kommenden Zeitalter*

*Be glad with beauty, white with perfect grace,*
 *Sweet Age to come, whose face*
 *Dawns dimly in our prophesying eyes*
  *Eager with good surmise! ...*

*Sweet Age to come, whose wings are of white fire,*
 *Deny not our desire;*
 *O kingdom of the Spirit, conquering all*
  *Take willing earth in Thrall!*
*Let green woods wave thee welcome, and blue seas*
 *Laugh welcome, and each breeze*
*Be sacred incense round thee: peace appear*
 *Through crystal atmosphere,*
*Impassioned, perdurable, omnipotent;*
 *Given by God, not lent,*
*Foretaste of Heaven, ere heaven be all in all,*
 *Come to the vexed world's call; ...*

*Sweet Age to come, declare the doctrine clear;*
 *We wait thee now, wait here!*
*Sweet Age to come, upon our ready ground*
 *Let lily and rose abound,*
*With pure supremacy of fragrant state*
 *Sweetening this world of hate,*
*Which does the wrongs, it knows not, and it knows;*
 *Plant thou thy lily and rose!*[252]

*Sei froh in Schönheit, weiß, in makelloser Gnade,*
*Du süße Zeit, so nahe. – Dein Gestade*
*zeigt trübe sich im Dämmerlicht*
*unsern Seher-Augen – voll von Zuversicht! …*

*Du süße nahe Zeit, mit Flügeln, weiß, aus Feuer,*
*sei unser Wunsch Dir nicht zu teuer;*
*oh Königreich des Geistes, über allem,*
*nimm die willig' Erde Dir zum Sklaven!*
*Lass Dir Willkommen winken grüne Heere*
*und grüßend lachen blaue Meere.*
*Sei jede Brise heilig' Weihrauch. Frieden wäre*
*in der kristall'nen Atmosphäre*
*voll Leidenschaft, für lange Zeit, mit aller Macht;*
*von Gott gegeben, keine Pacht,*
*ein Vorgeschmack des Himmels, eh' er ganz*
*der Qual der Welt begegnet – voll mit Glanz; …*

*Du süße Zeit, so nahe, verkünde deutlich Dein Gesetz;*
*wir warten hier auf Dich und warten jetzt!*
*Du süße Zeit, so nahe, lass Lilien, Rosen treiben*
*im Überfluss, auf Feldern, Weiden;*
*mit der reinen Herrschaft Deiner Düfte*
*versüß' die Welt des Hasses, ihre Klüfte,*
*die Welt, die Unrecht tut, mal in, mal nicht in wissentlicher Pose;*
*pflanz' Deine Lilie, pflanz' die Rose!*[253],[cviii]

---

[cviii] eigene Übersetzung

Der polnische Nationalist Graf August Cieszkowski (1814–1894) benutzte die Vorstellung eines bevorstehenden „dritten Zeitalters des Heiligen Geistes" in seiner Kampagne für ein panslawisches[cix] Heimatland[254] und die abstrakten Kunstpioniere Vassily Kandinsky und Franz Marc in ihrem *Blaue-Reiter-Almanach* (1911–1914) schreiben:

> *Es beginnt und hat schon begonnen eine große Zeit: das geistige ‚Erwachen', die entstehende Neigung zum Neugewinn des ‚verlorenen Gleichgewichts', die unvermeidliche Notwendigkeit der geistigen Pflanzungen, das Entfalten der ersten Blüten. Wir stehen an der Thür einer der größten Epochen, die die Menschheit bis jetzt erlebt hat, der Epoche des großen Geistigen.*[255, 256]

Die prophetische Natur der Theorie des Dritten Zeitalters kann man am besten in den Schriften der verbannten Russen Sinaida Hippius und ihres Ehemannes Dmitri Mereschkowski erkennen, für die die „Macht der Drei" sowohl eine persönliche als auch spirituelle Bedeutung hatte. Sie glaubten an eine bevorstehende Zeit, in der sich das Dritte Testament der Menschheit offenbaren würde. Folglich konnte Mereschkowski schreiben:

> *Das Christentum trennte die vergangene Ewigkeit des Vaters von der zukünftigen Ewigkeit des Sohnes, die irdische Wahrheit von der himmlischen. Werden sie nicht von dem vereinigt werden, was nach dem Christentum kommt, der Offenbarung des Geistes – des Ewigen Frauseins, der Ewigen Mutterschaft? Wird die Mutter den Vater nicht mit dem Sohn versöhnen?*[257]

Vom seinem Exil in Frankreich aus sollte er in *Тайна Трех* (*Taina Trech*) (1925)[cx] bekanntgeben:

> *Nicht der Vater hat die Welt gerettet,*
> *Nicht der Sohn,*
> *Die Mutter soll sie retten;*
> *Und die Mutter ist der Heilige Geist.*[258]

Als sie noch als russische Exilanten in Paris lebten und die Wolken des Krieges sich über Europa zusammenbrauten, vermerkten Mereschkowski und Hippius gegen Ende ihres Lebens in ihrem Stück über den italienischen Dichter Dante, das 1939 veröffentlicht wurde:

> *Der furchtbare Knoten sozialer Ungleichheit, der besonders in unseren Zeiten droht, sich zu einer Schlinge des Todes zusammenzuziehen und*

---

[cix] Panslawismus: Idee von der Einheit aller slawischen Völker
[cx] russ.: Das Geheimnis der Drei

> *so die Menschheit zu ersticken, kann nur im Dritten Testament – im Königreich des Heiligen Geistes gelöst werden.*[259]

Als die Kriegsmaschinerie des deutschen Dritten Reichs[cxi] sowohl den Westen als auch den Osten Europas plattwalzte, war das die dunkelste Stunde für die europäischen Anhänger des Göttlich-Weiblichen, die noch immer an ihrer Vorstellung vom bevorstehenden Goldenen Zeitalter festhielten. Erwähnt werden kann hier auch der englische Akademiker und Romanschriftsteller C. S. Lewis (1898–1963), dessen Roman *The Great Divorce* (1946)[cxii] die Darstellung einer Prophetin und ihrer Jünger enthält.[261]

In den 1950er Jahren in einem stalinistischen Gefängnis gefangen gehalten, hatte der russische regimekritische Schriftsteller Daniil Andrejew eine Reihe von Visionen einer Zukunft, in der das „Звента-Свентана (Zventa-Sventana)[cxiii]" auf die Erde käme und durch eine Organisation bekannt als Rosa Mira[cxiv] den Menschen die Möglichkeit zur Erlösung bringen würde. Dies wird detailliert in seiner Abhandlung desselben Namens beschrieben. Sie besteht aus zwölf, in mehrere Kapitel aufgeteilten Büchern und wurde mit Dantes *Göttlicher Komödie* verglichen. Bewahrt von seiner Witwe, blieb das Manuskript bis *Гласность (Glasnost)*[cxv] Anfang der 1990er Jahre unveröffentlicht. In seinem Glossar definiert Andrejew die Weltrose als:

> *Die kommende all-christliche Kirche der letzten Jahrhunderte, die die Kirchen der Vergangenheit integrieren und in einem freien Bund alle Religionen des Lichts verbinden wird. In diesem Sinne ist die Weltrose interreligiös oder panreligiös. Ihre Hauptabsicht besteht darin, so viele menschliche Seelen wie möglich zu retten und sie von der Bedrohung der geistigen Versklavung durch den kommenden Antigott zu befreien.*

Andrejew bestimmte die globale weibliche Essenz als Zventa-Sventana, was so viel bedeutet wie „Das Hellste alles Hellen, das Heiligste alles Heiligen". Wie von Andrejew konzipiert, ist die Weltrose als globale religiöse und soziale Organisation dazu bestimmt

> *den Widerspruch zwischen zwei vorherrschenden Tendenzen, nämlich der asketischen Spiritualität, die die Welt zurückweist und der sogenannten heidnischen Tendenz, die die fleischliche Welt preist ... [zu überwinden.] Doch letztlich ist der Triumph der Weltrose solange nicht möglich,*

---

cxi das [leider auch fehlgeleitet] auf der Theorie des Dritten Zeitalters des von Mereschkowski beeinflussten Moeller van den Brucks basierte[260]
cxii dt. Ausgabe: *Die große Scheidung*
cxiii entspricht dem Göttlich-Weiblichen
cxiv russ.: Weltrose, s. S. 71
cxv russ.: Offenheit, Redefreiheit, Informationsfreiheit

> bis das Streben der religiösen Menschheit hin zum Ewig-Weiblichen[cxvi], eine neue tiefere Bedeutung offenbart; bis das Atmen der Zventa-Sventana die äußerst düstere Strenge der Männlichkeit erweicht und erhellt, die bis jetzt Ethik, Religion und soziales Leben völlig beherrscht [hat].

Für Andrejew ist das weibliche Prinzip wesentlich für die Zukunft der Menschheit:

> Wir betreten einen Zyklus von Epochen, in dem die weibliche Seele immer reiner und weiter werden wird, wenn immer mehr Frauen tiefsinnige Inspirationen geben, zu vernünftigen Müttern und klugen und visionären Anführerinnen werden. Es wird ein Zyklus von Epochen sein, in dem sich der weibliche Teil der Menschheit mit beispielloser Kraft manifestieren und die vorherige Überlegenheit der männlichen Kräfte in vollkommener Harmonie balancieren wird.[262]

Vielleicht spiegelt dies die theosophische Vorstellung von Zyklen der menschlichen Geschichte wider, die in zahlreichen Artikeln englischer und amerikanischer theosophischer Zeitschriften des frühen und mittleren 20. Jahrhunderts gefunden werden kann. Im April 1948 stellt Allan J. Stover im Theosophischen Forum fest:

> Es scheint offensichtlich, dass ein neuer Zyklus – man ist versucht zu sagen, eine neue Welt – direkt vor unseren Türen steht. Mitten in der welterschütternden Verwirrung suchen eine neue Menschheit und eine neue Zivilisation ihre Geburt.[263]

**Zusammenfassung**

In diesem Kapitel habe ich die Behauptung aufgestellt, dass die esoterischen theosophischen Traditionen, die sich im 17. und 18. Jahrhundert entwickelten (s. Kapitel 2), im 19. Jahrhundert in prophetische Visionen einer Zukunft verändert wurden, in der die Welt durch das Göttlich-Weibliche in seinen verschiedenen Formen umgestaltet werden soll. Eine vollständigere Analyse liegt außerhalb der Grenzen dieser Studie. Solch eine Analyse würde den Einfluss der vielen sozialen Bewegungen des 20. und 21. Jahrhunderts einschließen müssen, die vom Hinduismus und dem Subkontinent Indien ausgehen oder davon beeinflusst werden. Dazu gehörten auch mehrere Bewegungen, die sich um heilige Frauen gebildet haben und von denen die Anhänger behaupten, dass sie eben dieses, auf die Erde gekommene Göttlich-Weibliche sind.

---

[cxvi] „Вечно Женственное (Wetchno Schenstwennoe)"; [Originalanmerkung des Autors]

# 5 Schlussbetrachtungen

Diese Studie hat viele Arten und Weisen untersucht, in der sich eine weibliche göttliche Gestalt, die u. a. als die Göttin, als Sophia und als das Göttlich- oder Ewig-Weibliche beschrieben wird, überall in der Geschichte manifestiert hat, um ihre Anhänger zu führen und zu ermutigen. Der Schwerpunkt wurde auf Erscheinungen innerhalb der weisheitlichen Tradition gelegt.

Beschreibungen dieser Visitationen – die in der vorliegenden Arbeit als Visionen bezeichnet werden – sind in vielen schriftlichen Berichten zu finden, zu denen auch Materialien gehören, die traditionell nicht als religiös betrachtet werden wie Philosophie, Literatur sowie jene Studienbereiche – Alchemie, Astrologie, Christliche Theosophie und verschiedene magische Traditionen –, die als westliche Esoterik bezeichnet werden.

Wie in der Einleitung bemerkt, habe ich auf dieses Material theoretische Konstrukte angewendet, die sich auf das Studium der Geschichte der Religion und Mystik Südasiens stützen und die sich vielleicht am besten durch die Vorstellung von „einer Göttin, viele Manifestationen" zusammenfassen lassen.

Diese Vorstellung ist in der europäischen Mystik nicht unbedingt leicht auszumachen und obwohl diese Behauptung berechtigt sein mag, möchte ich trotzdem einige Beweise dafür präsentieren.

Wie bereits kurz im ersten Kapitel bemerkt, hat die feministische Theologin und Historikerin Bonnie A. Birk in ihrer neuen Studie über den Einfluss der biblischen Weisheit auf die französische mittelalterliche Schriftstellerin Christine de Pizan (1364–1430) nahegelegt, dass Christine die weibliche Weisheit als "eine Gottheit derselben Kategorie wie der konventioneller dargestellte männlich identifizierte Gott" wahrgenommen und „Sapience in der Tat als ein ‚reales' göttliches Wesen gesehen haben könnte". Birk vermeidet es in ihrer dreiseitigen Diskussion, das Wort „Göttin" zu gebrauchen, was meiner Ansicht nach absichtlich geschieht.[264]

In einer Studie über Jane Leads Visionen der Sophia als Weisheit[265] vermerkt die feministische Historikerin Julie Hirst zwei Beispiele, in denen sich Lead (1624–1704) auf Sophia bzw. die Weisheit als Göttin bezieht. An einer Stelle ihrer *Revelation of Revelations*[cxvii] (veröffentlicht 1683) bezieht sich Lead auf die Jungfrau Weisheit als die "ewige Göttin in einem hohen und nüchternen Sinn".[266] Fünf Seiten später richtet Lead die Rede an Sophia direkt:

> *Oh, große Göttin und Königin aller Welten! Wirst du nach so langer Zeit der Abwesenheit einmal noch wieder erscheinen!*[267]

---

[cxvii] engl.: *Offenbarung der Offenbarungen*

Ein Hinweis auf Sophia als Weisheit und als Göttin in den Schriften Böhmes und Pordages, die beide den stärksten Einfluss auf Jane Lead hatten, ist mir nicht bekannt. So ist mir unklar, wo diese Interpretation ihren Ursprung hat. Frances Lee (1660–1719), die Jane Lead als ihre geistige Mutter betrachtete, wies das Wort „Göttin" zurück, um die Weisheit zu beschreiben.[268] In der *Revelation of Revelations* identifiziert Lead Sophia mit der „Mit der Sonne bekleideten Frau" aus der Offenbarung des Johannes. Wie dieser Auszug zeigt, geht sie dabei aber erheblich weiter als Johannes:

> *Diese Frau, die der Heilige Johannes sah ... stellt die Gattin und Gefährtin Gottes dar. Aus ihr ging wirklich die Höchste Geburt, das Ewige Wort der Weisheit hervor, als das mächtige Alpha und Omega und eigenständige ruhmvolle Persönlichkeit sich selbst bewusst in Gott. Sie repräsentiert die immerwährende Jungfrau – noch vor der Erschaffung irgendwelcher himmlischen Heerscharen.*

Weiter stellt Lead fest, dass diese Frau "vor allem als die koessentielle Schöpfungskraft der Gottheit existierte, die alle Dinge aus dem Nichts formte."[269] Als Historiker mit einem Hintergrund der Religionsgeschichte Südasiens zeigt dies meiner Meinung nach Parallelen zu der Göttin als Devi, als Schöpferin und Gemahlin Gottes auf.

Um zum Thema dieser Studie, den „Visionen und Prophezeiungen in der Tradition der Weisheit" zurückzukehren, hoffe ich, dass ich sowohl die Kontinuität dieser Tradition vom *Buch der Sprüche* an bis hin zur Moderne als auch einige der Verschiebungen auf dem Weg demonstrieren konnte, der über die Zeitalter hinweg interpretiert worden ist. Meiner Ansicht nach ist es notwendig, relevante Hinweise aus einer viel breiteren Auswahl von Quellen zusammenzutragen als aus denen, die bis dato bei der Untersuchung der Geschichte dieser Tradition verwendet werden. Auch könnte es von Nutzen sein, die vorliegende Studie selbst in die wissenschaftliche Erforschung der westlichen Esoterik aufzunehmen oder sie daran anzubinden.

**Anhang**      Die Zeitalter des Menschen – eine Typologie

| Sphinx | mythologisch | 3 | Ägypten |
|---|---|---|---|
| Mahabharata | mythologisch | 4 Yugas | Indien |
| Hesiod | ca. 750 v. Chr. | 5 Geschlechter (Zeitalter) | Griechenland |
| Etrusker | 8. bis 2. Jhd. v. Chr. | 10 | Italien |
| Solon | 630–560 v. Chr. | 10 | Griechenland |
| Pythagoras | ca. 570–497 v. Chr. | 4 | Griechenland |
| Plato | 427–347 v. Chr. | 12 | Griechenland |
| Ovid | 43 v. Chr. bis 17 n. Chr. | 4 | Griechenland |
| Publius Annius Florus | ca. 70 bis ca. 140 n. Chr. | 4 | Rom |
| Claudius Ptolemäus | ca. 85–165 | 4 und 7 | Griechenland |
| Gregor von Nazianz | ca. 330–390 | 3 | Palästina |
| Augustinus von Hippo | 354–430 | 6 (+1) | Nordafrika |
| Isidor von Sevilla | ca. 560–636 | 6 | Iberien |
| Joachim von Fiore | 1130–1202 | 3 Stadien | Italien |
| Odo von Canterbury | † 1200 | 4 Testamente | England |
| Petrus Iohannis Olivi | 1247–1298 | 3 und 7 | Frankreich |
| Gerhard von Borgo San Donnino | 13. Jhd. | 3 | Italien |
| Dante Alighieri | 1265–1321 | 4 | Italien |
| Giorgio da Castelfranco | 1477–1510 | 3 | Italien |

| Hans Baldung Grien | 1484–1545 | 3 und 7 | Deutschland |
|---|---|---|---|
| Dosso Dossi | 1489–1542 | 3 | Italien |
| Tizian | 1490–1576 | 3 | Italien |
| Philipp Melanchthon | 1497–1560 | 5 | Deutschland |
| John Napier | 1550–1617 | 7 | Schottland |
| William Shakespeare | 1564–1616 | 7 | England |
| Sir Walter Raleigh | 1552–1618 | 7 | England |
| William Erbury | 1604–1654 | 3 | England |
| Giambattista Vico | 1668–1744 | 3 | Italien |
| John Millar | 1735–1801 | 4 | Schottland |
| Bertel Thorvaldsen | 1770–1844 | 4 | Dänemark |
| Thomas Cole | 1801–1848 | 4 | USA |
| Zygmunt Krasiński | 1812–1859 | 3 | Polen |
| August Cieszkowski | 1814–1894 | 3 | Polen |
| Gustav Klimt | 1862–1918 | 3 | Österreich |
| Edvard Munch | 1863–1944 | 4 | Norwegen |
| Dmitri Sergejewitsch Mereschkowski | 1865–1941 | 3 | Russland |
| Wassily Kandinsky | 1866–1944 | 3 | Russland |

# Personen- und Sachverzeichnis

## A

*A Fountain of Gardens* (s. a. J. Lead) .................................................. 44, 45
Alain de Lille ............................................................................................ 21, 24
Albion ............................................................................................................ 73
Alchemie .............................................................................................. 9, 50, 89
Alighieri, Dante .................................................... 22, 23, 26, 65, 86, 91
Amor ............................................................................................................. 24
Andersen, Hans Christian ......................................................... 76, 77, 78
Andrejew, Daniil ............................................................... 64, 71, 87, 88
*Anticlaudian* (s. a. A. d. Lille) .................................................................. 25
Apuleius, Lucius ........................................................................................ 15
Arnold, Gottfried ........................................................ 10, 39, 46, 47, 55
   spirituelle Ehe mit Sophia ............................................................ 46–47
Astarte .................................................................................................. 15, 65
*Aurora* oder die *Morgenröte im Aufgang* (s. a. J. Böhme) ................ 34
*Aurora Sapientiae* (s. a. R. Ayshford) .................................................. 40
Ayshford, Robert ....................................................................................... 40

## B

Baader, Franz von .................................................................................... 33
Baker, Augustine ...................................................................................... 39
Barmby
   Catherine (Kate) ................................................................................. 75
   Goodwyn ................................................................................ 71, 73, 75
Bathurst, Ann ....................................................................................... 44, 47
Bely, Andrei ................................................................................... 10, 64, 65
Berdjajew, Nikolai ..................................................................................... 69
*Bibel*
   *Altes Testament* .......................................................................... 46, 82
   Buch
      Baruch ........................................................................................... 13
      der Sprichwörter (Salomon) .............................. 13, 14, 19, 30, 31, 46, 50, 90
      der Weisheit (Salomon) ................................................. 9, 14, 27, 54
      *Ecclesiasticus* .............................................................................. 14
      Hohelied (Salomon) ................................................................. 30, 46
      Sirach ............................................................................... 14, 46, 51
   *Neues Testament* ................................................... 16, 17, 22, 51, 73, 82
binah ............................................................................................................ 23

Blake, William..................................................................................................71, 72, 73
    Albion........................................................................................................................73
    *Jerusalem*............................................................................................................72, 73
    *Milton a Poem*....................................................................................................72, 73
*Blaue Reiter Almanach* (s. a. V. Kandinsky u. F. Marc).............................................86
Blok, Alexander ...........................................................................................10, 64, 65
Boethius, Anicius Manlius Severinus ................................................................17–19
    *Der Trost der Philosophie, De Consolatione Philosophiae*.............17, 18, 21, 24, 27
    Philosophia................................................................... 18, 19, 21, 22, 26, 27, 38
    und
        Dante ..................................................................................................................22
        de Lille...........................................................................................................21, 24
        de Pizan .......................................................................................................27–28
        Petrarch..............................................................................................................26
        von Bingen ...................................................................................................20–21
Böhme, Jacob ...............................................................................................34–39
    *Aurora* oder die *Morgenröte im Aufgang* ...............................................................34
    Ausdruck seiner Theosophie ...................................................................................50
    bei Schipflinger .......................................................................................................10
    und
        *Clavis* ............................................................................................................35–36
        de St. Martin .....................................................................................................50
        *Kabbala*..........................................................................................................35, 36
        Paracelsus.....................................................................................................36–38
        sein universales Prinzip.....................................................................................35
        spirituelle Ehe mit Sophia .......................................................................29, 38–39
Bulgakow, Sergei...............................................................................................10, 69
Butler, Josephine...............................................................................................75, 83
Byzanz..........................................................................................................57, 60, 67

## C

Caithness, Lady............................................................................... 71, 78, 79, 81
Caritas ........................................................................................................... 24
*chochmah* ................................................................................................13, 23
Christine de Pizan ..............................................................................27, 28, 89
Cieszkowski, August.........................................................................................86, 92
Clairvaux, Bernard von ......................................................................................22, 29
Cobbe, Frances Power .........................................................................................75

## D

*D. Buch v. d. Verwandlung d. Glückes, Le Livre de la Mutacion de Fortune* (s. a. C. de
    Pizan).......................................................................................................................27
*Das abendlose Licht, Swet Nemetschernij* (s. a. S. Bulgakow) .............................69
*Das fließende Licht der Gottheit* (s. a. M. v. Magdeburg) ......................................29
*Das Geheimniß der Göttlichen Sophia* (s. a. G. Arnold)..........................................46

*Das Lamm Gottes, Agnez Boschii* (s. a. S. Bulgakow) .................................................. 69
Das Leben im kommenden Zeitalter, Vita Venturi Saeculi (s. a. L. Johnson) ............... 83
*Der gantz Irdische, Natürliche, Finstere Mensch* (s. a. J. G. Gichtel) ........................... 49
*Der Pfeiler und die Grundfeste der Wahrheit, Stolp i Utwerschdenie Ismini* (s. a. P. Florenski) .......................................................................................................................... 67
*Der scharlachrote Buchstabe, The Scarlet Letter* (s. a. N. Hawthrone) ....................... 77
*Der Weg zu Christo, Christosophia* (s. a. J. Böhme) .................................................... 38
*Die große Scheidung, The Great Divorce* (s. a. C. S. Lewis) ....................................... 87
*Die Muse des neuen Jahrhunderts, Det nye Aarhundredes Musa* (s. a. H. C. Andersen) ................................................................................................................................. 77
Doinel, Jules .................................................................................................................. 71, 79
*Drei Sitzungen, Tri Swidania* (s. a. V. Solowjow) ........................................................... 62
Droitture ............................................................................................................................. 27

# E

Eberz, Otfried .................................................................................................................... 76
*Ecclesiasticus* (s. a. *Bibel*) ............................................................................................... 14
Ehe, spirituelle
    Bernard von Clairvaux ................................................................................................ 29
    Mechthild von Magdeburg ......................................................................................... 47
    Nonnen von Helfta ................................................................................................ 29, 47
    Seuse ..................................................................................................... 29, 38, 39
Engelsbrüder ............................................................................................................... 48, 50
Esoterik
    westliche .................................................................................................... 9, 33, 89, 90
Essarts, Leonce Fabre des ....................................................................................... 71, 79, 80
*Expositio in Apocalypsim, Auslegung der Apokalypse* (s. a. J. v. Fiore) ....................... 82

# F

Fatima von Cordoba ......................................................................................................... 21
*Faust* (s. a. J. W. v. Goethe) .................................................................................. 10, 52, 53
Feminismus ......................................................................... 15, 27, 73, 75, 76, 78, 80, 89
Florenski, Pawel ......................................................................................................... 10, 67
Fowler, Christopher .......................................................................................................... 41
Fowler, Matthew ................................................................................................................ 39
Francke, August ................................................................................................................. 61
Frau mit der Sonne gekleidet ............................................................................... 64, 80, 90
Fuller, Margaret .................................................................................................................. 75

# G

Gertrud von Helfta ....................................................................................................... 29, 47
Gichtel, Johann Georg ................................................................................................. 48–50
    Der gantz Irdische, Natürliche, Finstere Mensch ...................................................... 49
    *Theosophia Practica* ............................................................................................ 48–49

*Theosophia Relevata* ... 48
und Böhme ... 48
Gnostik
  Gebrauch von Paraklet ... 80
  Gnostische Christen ... 78
  gnostische Geister ... 79
  Gnostischer Katechismus ... 79
  Sichtweise der Sophia ... 57
*God and the Goddesses* ... 9, 24
Goethe, Johann Wolfgang von
  *Auf dem See* ... 51
  bei Schipflinger ... 10
  und
    Das Ewig-Weibliche im *Faust* ... 52–53
    die Natur ... 51
    Sophia ... 71
Golubinskii, Fedor ... 62
*Göttliche Komödie, Divina Commedia* (s. a. D. Alighieri) ... 22, 87
Gottmenschtum ... 63
Gregor von Nazianz ... 81, 91

# H

Hagia Sophia ... 57, 67, 69
Hainisch, Marianne ... 76
Hawthorne, Nathaniel ... 76
Hazrat Inayat Khan ... 76
Heilige Dreifaltigkeit ... 11, 83
Heiliger Geist ... 11, 38, 48, 61, 66, 80, 83, 86
*Heinrich von Ofterdingen* (s. a. Novalis) ... 51
Hermetismus
  Einfluss auf
    Böhme ... 34–35, 36
    Solowjow ... 62
  Hermetische Gesellschaft ... 80
Hildegard von Bingen ... 19, 20, 21
Hippius, Sinaida ... 64, 71, 86
Hölderlin, Friedrich ... 10, 51, 52, 71
*Hyperion* (s. a. Novalis) ... 52

# I

Ibn al-'Arabi ... 21, 22
Ikonen ... 56, 57, 58, 60, 61, 65, 67
*In Jahrtausenden, Om Artusinder* (s. a. H. C. Andersen) ... 77
Isis ... 15
Islam ... 9, 21

## J

Jameson, Anna .................................................................................................. 75
*Jerusalem* ................................................................................................... 72, 73
*Jerusalem Bible* ............................................................................................. 14
Jesus Christus
   als
      Logos .............................................................................. 16–17, 57–58, 60
      Mutter ........................................................................................................ 23–24
      Weisheit ....................................................................... 16–17, 28–29, 57–58, 60
   bei
      Arnold ........................................................................................................ 46
   spirituelle Ehe ........................................................................................... 29, 47
Joachim von Fiore ................................................................. 60, 71, 81, 82, 83, 91
   *Concordia Novi et Veteris Testamenti* ............................................................. 82
   *Expositio in Apocalypsim* ................................................................................. 82
   *Liber Figurarum* .............................................................................................. 83
Johnson, Lionel ............................................................................................... 83
Justice ............................................................................................................ 27

## K

*Kabbala* ........................................................................................ 9, 23, 35, 36, 62
Kandinsky, Vassily ........................................................................................ 86, 92
*kether* ............................................................................................................... 43
Kiew ...................................................................................................... 57, 58, 69
Kingsford, Anna ........................................................................................... 71, 80
Kirchberger, Niklaus Anton ............................................................................. 46, 50
Kirche
   christliche
      Gnostische ................................................................................................ 79–80
      Kommunistische ............................................................................. 73, s. a. Barmby
      Neues Jerusalem ...................................................................................... 73
      Protestantische .......................................................................................... 33
      Rosa Mira ....................................................................................... 87, s. a. Andrejew
   Russisch-Orthodoxe
      Kontroverse über Sophia ....................................................... 69, s. a. Bulgakow
      *Menaion* ..................................................................................................... 60
      Unterdrückung von Böhmes Schriften ........................................................ 67
      Verbot von Böhmes Schriften .................................................................... 61
   und
      Sophia ....................................................................................................... 16
      Sophia und Hildegard ............................................................................. 20–21
      weibliche Weisheit .................................................................................... 31
   und
      die Göttin ................................................................................................... 52

Kirchen
  christliche
    der Sophia gewidmet......57, 60
*Kontemplation in Farben, Umozrenie w Kraskach* (s. a. V. Solowjow)...... 67
Kuhlmann, Quirinus ...... 61
Kuznetsov, Pavel...... 65

# L

Lead, Jane ...... 44, 45, 55, 89, 90
  *A Fountain of Gardens* ......44, 45
Lee, Frances ...... 90
*Legenden der Madonna, Legends of the Madonna* (s. a. A. Jameson)...... 75
Lewis, C. S. ...... 87
*Liber Figurarum* (s. a. J. v. Fiore) ...... 83
*Liber Scivias Domini, Wisse die Wege des Herrn* (s. a. H. v. Bingen)...... 19
*Lied der Lieder* ...... 46, s. a. Bibel
Likhoud-Brüder...... 60
Logos ...... 17, 57, 58, 60
Losski
  Nikolai...... 69
  Vladimir...... 69

# M

Malewitsch, Kasimir...... 66
Marc, Franz...... 86
Maria, die Jungfrau (s. a. Theotokos) ...... 10, 53, 57, 60, 75
Mechthild von Magdeburg......29, 47
Mekka ...... 21
*Menaion* ...... 60
Mendeleeva, Ljubov...... 64
Mereschkowski, Dmitri...... 64, 71, 86, 87, 92
*Metamorphosen* (s. a. L. Apuleius) ...... 15
*Milton a Poem* (s. a. W. Blake) ......72, 73

# N

Natur
  als
    Isis ...... 15
    Natur und das Göttlich-Weibliche......24–25, 27
    Natura ...... 21
  bei Tobler ...... 51
  die Ewige
    bei
      Ayshford ...... 40, s. a. Ayshford

# Personen- und Sachverzeichnis

Böhme ............................................................. 35–36, 36–38, s. a. Böhme
Pordage ............................................................ 41–43, s. a. Pordage
Göttlich-Männliche und -Weibliche Position ........................................... 31
Nazarener-Gemeinde .................................................................... 53
Nordermann, Konrad ..................................................................... 60
Novalis ....................................................................... 10, 51, 71
Nowgorod ...................................................................... 57, 58, 59

## O

Oetinger, Friedrich ..................................................................... 50
Osiris ................................................................................. 15
Oxenbridge, Joanna ..................................................................... 44

## P

Paracelsus ........................................................................ 36, 38
Petrarch, Francesco .................................................................... 26
Philadelphians ......................................................................... 44
Philon von Alexandria .................................................................. 17
Pietisten, deutsche .................................................................... 61
Pinder, Margaret ....................................................................... 43
Pocock, Mary ........................................................................... 43
Pordage
   John .................................................... 40, 41, 43, 44, 55, 70
   Mary ................................................................................ 43
Protennoia, Dreigestaltige ............................................................. 16
Protestantismus ........................................................................ 33

## R

Raison ................................................................................. 27
Rerich (Roerich), Nikolai .............................................................. 66
Romantik
   bei Seuse ..................................................................... 29–30
   deutsche Schriftsteller bei Schipflinger ......................................... 10
   Maler ......................................................................... 52, 55
   Schriftsteller ................................................................ 51, 55
Rosa Mira, Weltrose ................................................................ 71, 87
Runge, Philipp Otto .................................................................... 52
Russland ................................................... 57, 58, 60, 63, 65, 66, 70, 92

## S

Salomon (s. a. *Bibel*) ................................................................ 30
*Sancta Sophia, Die Heilige Sophia* (s. a. A. Baker) .................................... 39

*sapientia* ............................................................................................................. 13, 28, 40
Sapientia ............................................................................................................. 21, 24, 27
*schechina* ........................................................................................................... 23, 35, 43
Schipflinger, Thomas ................................................................................................. 10, 11
*Scivias*, *Wisse die Wege* (s. a. H. v. Bingen) ............................................................ 20, 21
*Secretum Meum, Mein Geheimnis* (s. a. F. Petrarch) ......................................................... 25
Shams von Marchena ....................................................................................................... 21
Sheptyzkyj, Andrej ........................................................................................................... 69
Shri Mataji Nirmala Devi ................................................................................................ 2, 5
Sikh-Tradition .................................................................................................................... 9
Silvestris, Bernard ........................................................................................................... 25
Sirach, Ben ...................................................................................................................... 14
Skoworoda, Hryhorij Sawytsch ....................................................................................... 61
Solowjow
    Familie ................................................................................................................. 64–65
    Vladimir ........................................................................................... 57, 62, 64, 70, 71
Sophia
    als
        das Göttlich-Weibliche
            bei
                Autor .......................................................................................................... 10
                Böhme ................................................................................................. 34–35
                Goethe ................................................................................................. 52–53
                Novalis ................................................................................................ 51–52
        Weisheit
            bei
                al-'Arabi .............................................................................................. 21–22
                Boethius .............................................................................................. 17–19
                von Bingen ......................................................................................... 19–20
            in der *Bibel* ................................................................................................ 13–15
        und
            Böhmes Hingabe an sie ............................................................................... 29
            ihre Identifikation mit Logos .................................................................. 16–17
            ihre Zurückweisung durch christliche Hauptströmung ............................ 16–17
    bei
        Arnold
            als Stärke ..................................................................................................... 47
            spirituelle Ehe ......................................................................................... 46–47
        Autor ...................................................................................................................... 10
        Baker ..................................................................................................................... 39
        Bathurst ................................................................................................................. 44
        Böhme
            spirituelle Ehe ......................................................................................... 38–39
        Fowler ................................................................................................................ 39–40
        Gichtel
            als Lehrerin ................................................................................................. 48
            spirituelle Ehe ............................................................................................... 48

Personen- und Sachverzeichnis

 Lead..................................................................................................44–45
 Pordage ..................................................................................................41
 Schipflinger ............................................................................................10
 Wirz..................................................................................................53–55
im
 17. bis 19. Jhd.
  Sicht des Autors................................................................................55
 18. Jhd. ............................................................................................50–51
 19. und 20. Jhd.......................................................................................71
  bei
   Autor ...........................................................................................89–90
   Doinel..............................................................................................79
   Lady Caithness ..........................................................................78–79
in
 der Literatur.....................................................................................51–53
 der russischen Tradition..................................................................57–70
  als
   Gottesmutter (Theotokos)...............................................................57
   Logos und Gottesmutter ................................................... 57–58, 60
   Weisheit Gottes ...............................................................................58
  bei
   Berdiajew........................................................................................69
   Blok und Bely............................................................................64–65
   Bulgakow..................................................................................68–69
   den Brüdern Trubetskoi...................................................................67
   Florenksi..........................................................................................67
   Scheptyzkyj.....................................................................................69
   Solowjow....................................................................................62–65
   Ursprünge ..................................................................................57, 70
 individuelle Natur der Visionen................................................................33
 spirituelle Ehe ...................................................................................38–39
Spirituelle Ehe
 bei
  Arnold ..............................................................................................46–47
  Böhme .............................................................................................38–39
  Gichtel...................................................................................................48
Stover, Allan J.............................................................................................88
*Stundenbuch der Weisheit, Horologium Sapientiae* (s. a. H. Suso)......28, 29
Südasien
 Perspektive des Autors............................................................................. 9
  Beweise dafür.................................................................................89–90
Sudeikin, Serge..........................................................................................66
Sufi
 Definition................................................................................................21
 Internationaler Orden.............................................................................76
Sufismus
 und

    das Göttlich-Weibliche ........................................................................... 21–22
    Wirz ............................................................................................................... 55
Suso (Seuse), Heinrich ............................................................ 24, 28, 29, 30, 31, 58
Swiney, Margaret ............................................................................................... 75
Symbolismus ............................................................................... 10, 57, 64, 65

# T

Tao ........................................................................................................................ 9
Testament/-e
    Drittes (s. a. *Bibel*, Zeitalter) ........................................................... 86, 87
    vier (s. a. *Bibel*, Zeitalter) ........................................................................ 91
*Theologia Mystica* (s. a. J. Pordage) ........................................................... 41, 42
*Theosophia Practica* (s. a. J. G. Gichtel) ..................................................... 48, 49
*Theosophia Relevata* (s. a. J. G. Gichtel) ......................................................... 48
Theotokos ................................................................................................... 57, 58
Tobler, Georg ..................................................................................................... 51
*Tora* .................................................................................................................... 14
Träume ....................................................................................................... 10, 80

# U

*Übereinstimmung des Neuen und Alten Testaments, Concordia Novi et Veteris*
    *Testamenti* (s. a. J. v. Fiore) ........................................................................ 82
Ukraine ................................................................................................... 61, 69

# V

Valentinus ........................................................................................................... 79
Versluis, Arthur .................................................................... 9, 33, 40, 55
Visitationen ........................................................................................................ 89

# W

Walther, Balthasar ............................................................................................. 36
Weibliche
    das Ewig- ............................................................ 10, 53, 63, 69, 76, 79, 88
    das Göttlich- ................................................................................................ 10
        als
            Isis ................................................................................................... 15
            Sophia und Weisheit ............................................................... 13–31
        bei
            al-'Arabis .................................................................................... 21–22
            Autor ........................................................................................ 9, 89–90
            Barmby ...................................................................................... 73–75
            Blake ......................................................................................... 71–73

Personen- und Sachverzeichnis

    in der russischen Tradition ................................................................ 57–70
    vom
        17. bis 19. Jhd. ................................................................................. 33–56
        19. bis 20. Jhd. ................................................................................. 71–88
Weisheit
    *chochmah* ................................................................................................... 13, 23
    *sapientia* .............................................................................................. 13, 28, 40
    Sapientia ................................................................................................ 21, 24, 27
Welling, Georg von .................................................................................................. 50
*Welt und Mensch, Liber Divonorum Operum simplicis Hominus* (s. a. H. v. Bingen) ...... 19
Weltrose, Rosa Mira ................................................................................................ 87
Wirz, Johann Jacob ........................................................................................ 53, 54, 55

# Y

Yeats, William Butler ............................................................................................... 83

# Z

Zeitalter
    bei
        Andersen .......................................................................................................... 77
        Johnson ........................................................................................................... 83
        Kandinsky und Marc ........................................................................................ 86
        Lady Caithness ........................................................................................... 78–79
        Schriftstellern der Antike ................................................................................. 81
        von Fiore ..................................................................................................... 82–83
    Das Dritte ............................................................................................................ 81–88
    Interpretation der Tradition der Weisheit ................................................................. 90
    Sieben Weltalter ........................................................................................................ 81
    Trinitarische Theorien ............................................................................................... 81
    Übersicht ................................................................................................................... 91
    Vier Zeitalter ............................................................................................................. 82
*Zohar* ................................................................................................................... 10, 35

## Abbildungsverzeichnis

### Umschlag

Vorderseite: „Die Heilige Dreifaltigkeit", St. Jakobus, Urschalling, Oberbayern (s. a. Abb. 1, Text)
Rückseite: „Матерь Мира (Mater Mira)"[cxviii], Skizze aus der Serie „Banners of the East" (1924) von Nicholas Roerich, Tempera auf Leinwand und Karton

### Text

| | |
|---|---|
| Abb. 1: Die Heilige Dreifaltigkeit (14. Jhd.) | 11 |
| Abb. 2: Lady Philosophy (10. Jhd.) | 18 |
| Abb. 3: Hildegard beim Empfang und der Niederschrift ihrer Visionen | 20 |
| Abb. 4: Dante und Beatrice (nach 1480) | 23 |
| Abb. 5: Alanus ab Insulis (ca. 1117–1202) | 24 |
| Abb. 6: Petrarch und Laura | 26 |
| Abb. 7: Christine de Pizan (15. Jhd.) | 28 |
| Abb. 8: Heinrich Suso | 31 |
| Abb. 9: *Aurora* oder die *Morgenröte im Aufgang* (1612) | 34 |
| Abb. 10: Paracelsus über die höchsten Mysterien ... | 37 |
| Abb. 11: John Pordages Archetypischer Globus (1683) | 42 |
| Abb. 12: Jane Leads *A Fountain of Gardens* (1697) | 45 |
| Abb. 13: Johann Georg Gichtels finsterer, also unerleuchteter Mensch | 49 |
| Abb. 14: Sophia, die göttliche Weisheit | 56 |
| Abb. 15: Santa Sophia in der Sophienkathedrale in Kiew (11. Jhd.) | 58 |
| Abb. 16: Santa Sophia in der Sophienkathedrale in Nowgorod (11. Jhd.) | 59 |
| Abb. 17: Königin des Himmels (1931) | 68 |
| Abb. 18: Sophia, die Weisheit Gottes | 70 |
| Abb. 19: Blakes Darstellung von Jerusalem als Frau | 72 |
| Abb. 20: Tafel XIb mit den drei Stadien Joachim von Fiores ... | 83 |

Alle Abbildungen wurden mit freundlicher Genehmigung der Copyright-Inhaber verwendet oder stammen aus Quellen, für die das Copyright entweder abgelaufen ist oder die ansonsten gemeinfrei verfügbar sind.

---

[cxviii] russ.: Mutter der Welt

## Literaturnachweise

### Verwendete Abkürzungen

| | |
|---|---|
| DGWE | *Dictionary of Gnosis and Western Esotericism*[cxix] |
| DLB | *Dictionary of Literary Biography*[cxx] |
| Oxford DNB | *Oxford Dictionary of National Biography*[cxxi] |
| SUNY Press | State University of New York Press[cxxii] |
| [ÖNB | Österreichische Nationalbibliothek] |
| [BSB | Bayerische Staatsbibliothek] |
| [n. d. | no date = ohne Jahresangabe] |
| [ELF | The Electronic Literature Foundation] |
| [* | Originalanmerkung des Autors] |

Adams, Kimberley van Eswald. 1996. 'The Madonna and Margaret Fuller', *Women's Studies* 25:85–405

Adams, Kimberley van Eswald. 1998. 'The Madonna and Anna Jameson' In: Julie Melnyk, ed., *Women's theology in nineteenth-century Britain: transfiguring the faith of their fathers* (New York: Garland), 59–82

Adams, Kimberley van Eswald. 2001. *Our lady of Victorian feminism: the Madonna in the work of Anna Jameson, Margaret Fuller, and George Eliot* (Athens, Ohio: Ohio University Press)

Adlard, John. 1969. 'A triumphing joyfulness': Blake, Boehme and the tradition', *Blake Studies* 1(2): 109–122

Ahlgren, Gillian T. W. 1993. 'Visions and rhetorical strategy in the letters of Hildegard of Bingen', in Karen Cherewatuk and Ulrike Wiethaus, eds., *Dear Sister: medieval women and the epistolary genre* (Philadelphia: University of Pennsylvania Press), 46–63

---

[cxix] eng.: *Wörterbuch für Gnostik und westliche Esoterik*
[cxx] englischsprachiges Autorenlexikon in bisher 349 Bänden
[cxxi] biographisches Standardwerk zur britischen Geschichte in 60 Bänden und als Online-Ausgabe
[cxxii] engl.: Verlag der Universität des Staates New York

Alain de Lille. 1172. [*De Planctu Naturae\**] *The complaint of nature*, translation by Douglas M. Moffat (Yale Studies in English 36, 1908)

[Alanus ab Insulis. 1182/83. *Anticlaudiani singulari festivitate* ... (Basel: Heinrich Peter, 1536), Lib. V, 91. Online über die Digitale Bibliothek der BSB, München oder Online: www.intratext.com/IXT/LAT0842/_P1V.HTM (02.05.2013)]

Allanson, Athanasius. 1858. 'Life of Augustine Baker'. In: Allanson, *Biography of the English Benedictines* (completed c.1858; published 1999), Online: http://www.augustine-baker.org.uk/baker_allanson.htm

Andersen, Hans Christian. 1974. *Hans Christian Andersen: the complete fairy tales and stories*. Translated by Erik Christian Haugaard (New York: Random House, 1974/ Anchor Books, 1983)

Anderson, Harriet. 1992. *Utopian feminism: women's movements in fin-de-siecle Vienna* (New Haven, CT: Yale University Press, 1992)

Andreev, Daniil. 1958. *Roza Mira* (Englische Übersetzung: New York: Lindisfarne Press, 1997)

Anon. 2001. 'Fatimah, Mary and the Divine Feminine in Islam', *Knowledge of Reality* 22: 3–6

Apiryon, T. 1995. 'History of the Gnostic Catholic Church'. Online: http://www.geocities.com/Athens/Acropolis/1896/egc.html

[Apuleius, Lucius, 1920. *Der goldene Esel* (Berlin: Propylän, 1920), 11. Buch. Online: http://gutenberg.spiegel.de/buch/5948/13 (21.04.2013)]

Armytage, W. H. G. 1961. *Heavens below: utopian experiments in England 1560–1960* (London: Routledge and Kegan Paul)

[Arnold, Gottfried, *Das Geheimniß der Göttlichen Sophia oder Weißheit, Beschrieben und Besungen* (Leipzig: Ben Thomas Fritsch, 1700), 110, Online: http://www.google.de/books?id=AOI8AAAAcAAJ&hl=de (21.04.2013)]

Arthur, Rose Horman. 1984. *The Wisdom Goddess: feminine motifs in eight Nag Hammadi documents* (Lanham, MD: University Press of America)

Asin Palacios, Miguel. 1926. *Islam and the Divine Comedy*, übersetzt und gekürzt von Harold Sutherland (London: J. Murray/ New York: E. P. Dutton, 1926)

Avery, Kenneth S. 2004. *A psychology of early Sufi sama* (London: Routledge Curzon)

[Ayshford, Robert. 1629. *Aurora Sapientiae*. Auszug in: Arthur Versluis, ed., Wisdom's Book: the Sophia anthology (St. Paul, Min: Paragon House, 2000), 34–42]]\*

B[o]ehm[e]*, Jacob. 1623. *Mysterium Magnum, or an exposition of the fifth book of Moses called Genesis ... Written Anno 1623* (London: Lodowick Lloyd, 1656)

B[o]ehme*, Jacob. 1612. *Aurora, that is, the Day-Spring... written in Gerlitz in Germany Anno Christi M.DC.XII* (englische Übersetzung: London: Giles Calvert, 1656)

Baier, Ronny. 2003. 'Baker, David Augustine' *Biographisch-Bibliographisches Kirchenlexikon,* vol.21. Online: http://www.bautz.de/bbkl/b/baker_d_a.shtml

Bain, Jonathan. 2003. 'The cosmos according to Phillipus Aureolis Theophrastus Bombastus von Hohenheim (Paracelsus) (1490–1541)'. Online: http://ls.poly.edu/~jbain/mms/handouts/mmspara.htm

Baker, Augustine. 1657. *Sancta Sophia* (Douay, France: John Patte and Thomas Fievet)

Baker, Augustine. 1876. Holy Wisdom. Herausgegeben auf der Basis der Douay-Ausgabe von 1657 von Dom Norbert Sweeney (London: Burns, Gates and Washbourne). Online: http://www.ccel.org/b/baker/holy_wisdom/home.html

Balcarek, Petr. 1999. 'The image of Sophia in medieval Russian iconography and its sources', *Byzantinoslavica* 60: 593–610

Baring, Anne, and Jules Cashford. 1991. *The myth of the Goddess* (New York: Viking, 1991; London: Arkana/Penguin, 1993)

Barmby, Catherine. 1843. 'The demand for the emancipation of woman, politically and socially', *New Tracts for the Times* 1(3)

Bedford, C. H. 1963. 'Dmitry Merezhkovsky, the Third Testament and the Third Humanity', *Slavonic and East European Review* 42: 144–160

Bedford, C. H. 1975. *The Seeker: D. S. Merezhkovskiy* (Lawrence: University Press of Kansas)

Behrendt, Stephen C. 1992. *Reading William Blake* (Basingstoke: Macmillan)

Bell, P. Anthony. 2005. "'Jerusalem' is not in 'Jerusalem'" [Brief]*, *The Sunday Telegraph* (London) April 3

Benz, Ernst. 1983. *The mystical sources of German romantic philosophy* (1968; Deutsche Übersetzung: Allison Park, PN: Pickwick Publications)

Benzenhofer, Udo, and Urs Leo Gantenbein. 2005. 'Paracelsus', *DGWE* 922–931

Berdiaev, Nikolai. 1930. 'The teaching about Sophia and the Andrognyne. J. Boehme and the Russian Sophiological current'. Online: http://www.berdyaev.com/berdiaev/ber_lib/1930_351.html

Berdyaev, Nicholas. 1923. *The End of our Time* (1919–1923; Deutsche Übersetzung: London: Sheed and Ward, 1933)

Bergquist, Lars. 2005. *Swedenborg's secret: a biography* (auf Schwedisch, 1999; englische Übersetzung: London: Swedenborg Society)

'Bernard Silvestris'. In: Wikipedia, (21.04.2006). Online: http://en.wikipedia.org/wiki/Bernard_Silvestris

Bhattacharyya, N. N. 1999. *The Indian Mother Goddess* (New Delhi: Manohar, 3rd ed.)

Bibel. Zitate aus den verschiedenen Versionen und Übersetzungen wurden entnommen aus dem Online-Portal der Deutschen Bibelgesellschaft. Online: http://www.die-bibel.de (30.04.2013)

Bilu, Yoram. 1996. 'Dybbuk and Maggid: two cultural patterned [sic]* of altered consciousness in Judaism', *AJS Review* 21(2): 341–366

Bingen, Hildegard of. *Hildegard of Bingen's Book of Divine works, with letters and songs*, edited by Matthew Fox (Santa Fe, NM: Bear and Company, 1987)

Bingen, Hildegard of. *Scivias*, übersetzt von Mother Columba Hart and Jane Bishop (New York: Paulist Press, 1990)

Bingen, Hildegard of. *The Book of the Rewards of Life (Liber Vitae Meritorum)*, übersetzt von Bruce W. Hozeski (New York: Garland, 1994)

Bingen, Hildegard of. *The letters of Hildegard of Bingen*, übersetzt von Joseph L. Baird and Radd K. Ehrmann (New York: Oxford University Press, 1994–1998)

[Bingen, Hildegard von, *Im Feuer der Taube – Die Briefe – 149R Hildegard an Werner (Kirchheim-Bolanden)* (Augsburg: Pattloch, 1997), 282]

Birk, Bonnie A. 2005. *Christine de Pizan and Biblical Wisdom: a feminist-theological point of view* (Milwaukee, WI: Marquette University Press)

Blake, William. 1982. *The complete poetry and prose of William Blake*. Hrsg. von David V. Erdman (Berkeley: University of California Press)

Blofield, John. 1977. *Compassion yoga: the mystical cult of Kuan Yin* (London: George Allen and Unwin)

Blumenfeld-Kosinski, Renate. 1990. 'Christine de Pizan and the misogynistic tradition', *Romanic Review* 81(3): 279–292

Bobrinsky, Boris. 2000. 'The Church and the Holy Spirit in 20th century Russia', *The Ecumenical Review* July, 326–342

Boehme, Jacob. 1624. *The Clavis or 'Key' of Jacob Boehme...* geschrieben auf Deutsch im März und April Anno 1624. Gedruckt im Jahr 1647. Online: http://diglib.hab.de/wdb.php?distype=struc-img&dir=drucke%2Fxb-9-1 [(3004.2013). Der ursprüngliche Link zur Onlineausgabe wurde vom Übersetzer geändert]

Boethius. *De Consolatione Philosophiae*. Online: http://ccat.sas.upenn.edu/jod/boethius/boethius.html

[Boethius, Anicius Manlius Severinus, *Der Trost der Philosophie – Erstes Buch* (Rheinfelden: Lorenz IT-Dienstleistungen, 2010). Online: www.pinselpark.org (21.04.2013)]

[Böhme, Jacob, *Der Weg zu Christo* (Amsterdam: Frommans(?), 1715), 16. Online: https://play.google.com/books/reader?id=7zE3AAAAMAAJ&printsec=frontcover&output=reader&authuser=0&hl=de&pg=GBS.PA17 (21.04.2013)]

[Böhme, Jacob, *Sämtliche Schriften* (Stuttgart: Frommanns, 1957), 4:133, Online http://books.google.de/books?id=osVDAAAAIAAJ (21.04.2013)]

[Böhmen, Jacob, *Clavis oder der Schlüssel etlicher vornehmen Puncten ...* (Amsterdam: Henrico Betkio, 1662), 16. Online: http://diglib.hab.de/wdb.php?distype=struc-img&dir=drucke%2Fxb-9-1 (21.04.2013)]

Borgmeyer, David. 2002. 'Echoes of Wisdom: Solov'ev's Sofija in Symbolist worlds of art, literature and life.' Paper presented to the American Association of Teachers of Slavic and East European Languages Annual Meeting [Abstract]*

Bowerbank, Sylvia. 2003. 'God as Androgyne: Jane Lead's rewriting of the destiny of Nature', *Quidditas* 24: 5–23

Bowerbank, Sylvia. 2004. 'Bathurst, Ann', *Oxford DNB* 4, 346–347

Bowerbank, Sylvia. 2004. 'Lead, Jane', *Oxford DNB* 32, 959–961

Bowlt, John E. 1973. 'Russian Symbolism and the 'Blue Rose' Movement', *Slavonic and East European Review* 51(123): 161–181

Breymayer, Reinhard. 2005. 'Oetinger, Friedrich Christoph', *DGWE* 889–894

Brill, Alan. 2000. 'The phenomenology of true dreams in Maimonides', *Dreaming* 10(1): 43–54

Brod, Manfred. 2004. 'A radical network in the English revolution: John Pordage and his circle, 1646–1654', *English Historical Review* 99(484): 1230–1253

Broek, Roelof van den and Wouler J. Hanegraaff, eds. 1998. *Gnosis and hermeticism from antiquity to modern times* (Albany, NY: SUNY Press)

Brown, C. Mackenzie. 1990. *The triumph of the Goddess: the canonical models and theological visions of the Devi-Bhagavata Purana* (Albany, NY: SUNY Press)

Bulkeley, Kelly. 2001. *Dreams: a reader on religious, cultural and psychological dimensions of dreaming* (New York: Palgrave)

Bulkeley, Kelly. 2002. 'Reflections on the dream traditions of Islam', *Sleep and Hypnosis*, 4(1): 4–14

Burfield, Diana. 1983. 'Theosophy and feminism: some explorations in nineteenth century biography' In: Pat Holden, ed., *Women's religious experiences* (London Croom Helm), 27–56

Burkes, Shannon. 2001. 'Wisdom and apocalypticism in the Wisdom of Solomon', *Harvard Theological Review* 95(1): 21–44

Burrow, J.A. 1986. *The Ages of Man: a study in medieval writing and thought* (Oxford: Clarendon Press)

Bynum, Caroline Walker. 1982. *Jesus as Mother: studies in the spirituality of the High Middle Ages* (Berkeley: University of California Press)

Caine, Barbara. 2004. 'Cobbe, Frances Power', *Oxford DNB* 12, 270–272

Camp, Claudia V. 1985. *Wisdom and the feminine in the Book of Proverbs* (Sheffield: Almond/JSOT Press)

Cantor, Paul A. 1996. 'The Uncanonical Dante: The Divine Comedy and Islamic philosophy', *Philosophy and Literature* 20(1): 138–153

Carlson, Maria. 1996. 'Gnostic elements in the cosmogony of Vladimir Soloviev'. In: Judith Deutsch Kornblatt, and Richard F. Gustafson, eds., *Russian religious thought* (Madison: University of Wisconsin Press), 49–67

Cervigni, Dino S. 1986. *Dante's poetry of dreams* (Firenze: Leo S. Olschki)

Chen, E. M. 1969. 'Nothingness and the Mother principle in early Chinese Taoism' *International Philosophical Quarterly* 9(3): 391–405

Chen, E. M. 1974. 'Tao as the Great Mother and the influence of motherly love in the shaping of Chinese philosophy' *History of religions* 14(1): 51–73

Chittick, William C. 'Ibn al-'Arabi', *Encyclopaedia Iranica*. Online: http://www.uga.edu/islam/ibnarab.html

Chukovsky, Kornei. 1982. *Alexander Blok as man and poet* (Deutsche Übersetzung: Ann Arbor, MI: Ardis)

Cioran, Samuel D. 1977. *Vladimir Solov'ev and the Knighthood of the Divine Sophia* (Waterloo, Ontario, Canada: Wilfred Laurier University Press)

Classen, Albrecht. 1996. 'Jakob Böhme', *DLB* 164, 64–73

Cobbe, Frances Power. 1861. 'Social science congresses and women's part in them', *Macmillan's Magazine* December, 81–94

Coburn, Thomas B. 1984. *Devi-Mahatmya: the crystallization of the Goddess tradition* (Delhi: Motilal Banarsidass)

Cocalis, Susan L., and Kay Goodman, eds. 1982. *Beyond the Eternal Feminine: critical essays on woman and German literature* (Stuttgart: Akademischer Verlag Hans-Dieter Heinz)

Collins, John J. 1997. *Jewish Wisdom in the Hellenic age* (Louisville: Westminster/ John Knox Press)

[Cooper, William. 1673. Jehior, Aurora Sapientiae, or the morning light of Wisdom, [In:] The philosophical epitaph of W. C. Esquire (London: William Cooper)]*

Crawford, Patricia M., and Laura Gowing, eds. 2000. *Women's worlds in seventeenth-century England: a sourcebook* (London: Routledge)

Curran, Stuart. 1973. 'The structures of Jerusalem' in Stuart Curran, et al., eds. *Blake's sublime allegory: essays on The Four Zoas, Milton, Jerusalem* (Madison: University of Wisconsin Press), 329–346

[Dante, Alighieri, *Die Göttliche Komödie* (Boulder: ELF, 1997–2012), Paradiso XXX, 37–40. Online: www.divinecomedy.org (22.04.2013) oder Dante Alighieri, *Die Göttliche Komödie* (München: dtv, 1978), 443]

Das Gupta, Shashi. 1954. 'Evolution of Mother worship in India'. In: Swami Madhavananda and Ramesh Chandra Majumdar, eds., *Great women of India* (Calcutta: Advaita Ashrama, 1954), 49–86

David, Zdenek V. 1962. 'The influence of Jacob Boehme on Russian religious thought', *Slavic Review* 21(1): 43–64

Davidson, Pamela. 2000. 'Vladimir Solov'ev and the ideal of prophecy' *Slavonic and East European Review* 78(4), 643–67

Day, John., et al., eds. 1995. *Wisdom in ancient Israel* (Cambridge: Cambridge University Press)

Deacy, Susan, and Alexander Villing, eds. 2001. *Athena in the classical world* (Leiden: Brill)

Deghaye, Pierre. 1992. 'Jacob Boehme and his followers'. In: Antoine Faivre and Jacob Needleman, eds., *Modern esoteric spirituality* (New York: Crossroad, 1992), 210–247

Deghaye, Pierre. 2005. 'Arnold, Gottfried', *DGWE* 103–105

DeMayo, Thomas Benjamin. 1999. 'Mechthild of Magdeburg's mystical eschatology', *Journal of Medieval History* 25(2): 87–95

Despeux, Catherine, and Livia Kohn. 2003. *Women in Daoism* (Cambridge, Mass: Three Pines Press)

[ „Die Natur (Essay)". In: Wikipedia, Die freie Enzyklopädie (31.08.2011). Online: http://de.wikipedia.org/w/index.php?title=Die_Natur_(Essay)&oldid=93103995 (23.042013)]

Dixon, Joy. 2001. *Divine Feminine: theosophy and feminism in England* (Baltimore: The Johns Hopkins University Press)

Doinel, Jules. 1895. *Gnostic Catechism*. Online: http://groups.yahoo.com/group/eglisegnostique/files/

Doniger, Wendy, and Kelly Bulkeley. 1993. 'Why study dreams? A religious studies perspective', *Dreaming* 3(1): 69–73

Donskikh, Oleg A. 'Cultural roots of Russian Sophiology', *Sophia* 34(2): 38–57

Doughan. David. 2004. 'Swiney [geb. Biggs]*, (Rosa) Frances Emily', *Oxford DNB* 53, 499–501

Dreisbach, Christopher. 2000. 'Dreams in the history of philosophy', *Dreaming* 10(1): 31–41

Dronke, Peter. 1966. 'Boethius, Alanus and Dante', *Romanische Forschungen*, 78(1): 119–125

Durnbaugh, Donald F. 2005. 'Jane Ward Leade (1624–1704) and the Philadelphians'. In: Carter Lindberg, ed., *The pietist theologians* (Oxford: Blackwell Publishing), 128–146

*Ecclesiasticus, or The Wisdom of Jesus, son of Sirach*, Kommentar von John G. Snaith. 1974 (Cambridge: Cambridge University Press)

Economou, George D. 1972. *The Goddess Natura in medieval literature* (Cambridge, Mass: Harvard University Press)

Economou, George D. 2004. 'Natura' in Katharina M. Wilson, and Nadia Margolis, eds, *Women in the Middle Ages* (Wesport, Conn: Greenwood Press), vol.2, 713–721

Eichner, Hans. 1971. 'Exploring the Eternal Feminine: an aspect of Goethe's ethics', *Transactions of the Royal Society of Canada* 9: 235–244. In: Cyrus Hamlin, ed., *Faust: a tragedy* (New York: Norton, 1976), 615–625

*Encyclopaedia Britannica*, 9th ed., vol.3 (1878): 'Jakob Boehme'. Online: http://www.ccel.org/b/boehme/boehme.html

Epstein, Mikhail. 1997. 'Daniil Andreev and the Russian mysticism of feminity'. In: Bernice Glatzer Rosenthal, ed., *The occult in Russian and Soviet culture* (Ithaca: Cornell University Press), 325–355

Erb, Peter C. 2005. 'Gottfried Arnold'. In: Carter Lindberg, ed., *The Pietist theologians* (Oxford: Blackwell)

Erb, Peter C., ed. 1983. *Pietists: selected writings* (New York: Paulist Press)

Ernst, Carl W., and Bruce B. Lawrence. 2002. *Sufi martyrs of love: the Chishti order in South Asia and beyond* (New York: Palgrave Macmillan)

Faivre, Antoine, and Jacob Needleman, eds. 1992. *Modern esoteric spirituality* (New York, Crossroad)

Faivre, Antoine. 2005. 'Christian theosophy', *DGWE* 258–267

Faivre, Antoine. 2005. 'Kirchberger, Niklaus Anton, Baron von Liebisdorf', *DGWE* 665–6

Faivre, Antoine. 2005. 'Nature: religious and philosophical speculations'. In: *Encyclopedia of Religion* (Detroit: Macmillan Reference USA, 2nd ed.), 6431–6437

Faivre, Antoine. 2005. 'Naturphilosophie', *DGWE* 822–826

Fiene, Donald M. 1989. 'What is the appearance of Divine Sophia?', *Slavic Review* 48(3): 449–476

Fisch, Harold. 1964. *Jerusalem and Albion: the Hebrew factor in seventeenth century literature* (London: Routledge Kegan Paul)

Flanagan, Sabina. 1998. *Hildegard of Bingen, 1098–1179: a visionary life* (London: Routledge, 2nd ed.)

Florovsky, Georges. 1937. *Ways of Russian theology* (Deutsche Übersetzung: Belmont, Mass: Nordland, 1979). Online: http://www.myriobiblos.gr/texts/english/florovsky_ways.html

Foulkes, Pamela A. 1995. 'Lady Sophia'. In: Julie S. Barton and Constant J. Mews, eds., *Hildegard of Bingen and gendered theology in Judaeo-Christian tradition* (Clayton, Vic., Australia: Centre for Studies in Religion and Theology, Monash University), 9–18

Fowler, Matthew. 1682. *E'Anothen Sophia, or, the properties of Heavenly Wisdom* (London: Benjamin Tooke)

Freed, Eugenie R. 1994. *'A portion of his life': William Blake's Miltonic vision of woman* (Lewisburg: Bucknell University Press)

Galian, Laurence. 2003. 'The centrality of the Divine Feminine in Sufism'. Online: http://www.phillyimc.org/es/2004/03/12954.shtml

Gammie, John G., and Leo G.Perdue. 1990. *The Sage in Israel and the ancient Near East* (Winona Lake, WA: Eisenbrauns)

Garnett, R.G. 1972. *Co-operation and the Owenite socialist communities in Britain, 1825–45* (Manchester: Manchester University Press, 1972)

Garrett, Clarke. 1984. 'Swedenborg and the mystical enlightenment in late eighteenth-century England, *Journal of the History of Ideas* 45(1), 67–81

Gerhard, H. P. 1956. *The icons of the Mother of God* (auf Deutsch, 1956; engl. Übers.: Germany: Catholic Art Book Guild, 1964)

Gibbons, B. J. 1996. *Gender in mystical and occult thought: Behmenism and its development in England* (Cambridge: Cambridge University Press)

Gibian, George, ed. 1993. *The portable nineteenth century Russian reader* (Harmondsworth: Penguin)

[Gichtel, Johann Georg, *Theosophia Practica* (Leyden: 1722), Zweyter Theil 656. Online über die Digitale Bibliothek der BSB, München, Bd. 2, 65 der pdf-Version]

[Gichtel, Johann Georg, *Theosophia Practica*, 68. Brief, Dritter Theil: 2162f, BSB, München, Bd. 3, 299f der pdf-Version]

Gilly, Carlos. 2003. "Theophrastia Sancta': Paracelsianism as a religion in conflict with the established churches'. Online: http://www.ritman-library.nl//c/p/res/art/art_01.html

Godwin, Joscelyn. 1994. *The theosophical enlightenment* (Albany, NY: SUNY Press)

Goethe. 1832. *Faust* (Deutsche Übersetzung: Harmondsworth: Penguin Classics, 1949)

[Goethe, Johann Wolfgang von, *Gesammelte Werke – Auf dem See* (St. Gallen, Ortus, 2007), 20]

Good, Deirdre. 1984. 'Sophia in Valentinianism', *Second Century* 4(4): 193–201

Goodison, Lucy, and Christine Morris, eds. 1998. *Ancient Goddesses: the myths and the evidence* (London: British Museum Press)

Goodrick-Clarke, Nicholas. 2005. 'Hermeticism and Hermetic Societies', *DGWE* 550–558

Gould, Warwick, and Marjorie Reeves. 2001. *Joachim of Fiore and the myth of the Eternal Evangel in the nineteenth and twentieth centuries* (Oxford: Clarendon Press, rev ed.)

Green, Arthur. 2002. 'Shekhinah, the Virgin Mary, and the Song of Songs: reflections on a Kabbalistic symbol in its historical context', *AJS Review* 26(1): 1–52

Green, Arthur. 2004. 'Introduction' in *The Zohar*. Übersetzung und Kommentar von Daniel C. Matt. [Pritzker ed.]* (Stanford, Ca.: Stanford University Press), vol.1

Green, Nile. 2003. 'The religious and cultural roles of dreams and visions in Islam', *Journal of the Royal Asiatic Society*, series 3, 13(3): 287–313

Groberg, Kristi. 1992. 'The feminine occult Sophia and the Russian religious renaissance: a bibliographical essay', *Canadian-American Slavic Studies* 26: 97–239

Groberg, Kristi. 1998. 'Vladimir Sergeevich Solov'ev: a bibliography', *Modern Greek Studies Yearbook* 14–15: 299–398

Gualtieri, Angelo. 1971. 'Lady Philosophy in Boethius and Dante', *Comparative Literature* 23: 141–150

Gwyther, Anthony Robert. 1999. *New Jerusalem versus Babylon* (PhD thesis, School of Theology, Griffith University)

Hadley, Judith M. 2000. *The cult of Asherah in ancient Israel and Judah: evidence of a Hebrew Goddess* (Cambridge: Cambridge University Press)

Häring, Nikolaus M. 1978. Alan of Lille, „De planctu naturae". In: *Studi Medievali* 19 (1978), 797–879.

[Hainisch, Marianne, *Die Brodfrage der Frau* (Wien, ÖNB, 1875), 24. Online: http://www.literature.at/alo?objid=12806 (24.04.2013)]

Hall, Lee. 1997. *Athena: a biography* (Reading, Mass: Addison-Wesley)

Hallenbeck, Kathy. 2002. *Completing the circle: a study of the archetypical male and female in Nathaniel Hawthorne's The Scarlet Letter* (MA thesis, East Tennessee State University)

Hamburger, Jeffrey F. 1989. 'The use of images in the pastral care of nuns: the case of Heinrich Suso and the Dominicans', *Art Bulletin* 71(1): 20–46

Hamlin, Cyrus. 1994. 'Tracking the Eternal-Feminine in Goethe's *Faust II*', *Goethe Yearbook* Special volume 1; also published in Jane K. Brown, ed., *Interpreting Goethe's Faust today* (Columbia: Camden House, 1994), 142–155

Hanegraaf, Wouter J., and Arthur Versluis. 2005. 'Novalis', *DGWE* 869–871

Hanegraaff, Wouter J. 1999. 'Some remarks on the study of Western Esotericism'. Online: http://www.esoteric.musu.edu/Hanegraaff.html

Hanegraaff, Wouter J., ed. 2005. *Dictionary of Gnosis and Western Esotericism* (Leiden: Brill)

Hardy, Dennis. 1979. *Alternative communities in nineteenth century England* (London: Longman)

Hawley, John Stratton, and Donna M. Wulff, eds. 1996. *Devi: Goddesses of India* (Berkeley: University of California Press)

Hawthorne, Nathaniel. 1850. *The Scarlet Letter* (Harmondsworth: Penguin Classics, 1970)

Hazrat Inayat Khan. [n. d.]* *The Sufi Message of Hazrat Inayat Khan, Part III: Journal: 'East and West'*. Online: http://wahiduddin.net/mv2/bio/Journal_3.htm

Hazrat Inayat Khan. [n. d.]* *The Sufi Message of Hazrat Inayat Khan. Vol.9: The unity of religious ideals. Part 6: Sufism*. Online: http://wahiduddin.net/mv2/IX/IX_31.htm

Helminski, Camille Adams. 1994. 'Women and Sufism', *Gnosis* 30, winter. Online: http://www.sufism.org/society/articles/women.html

Hempel, C., et al, eds. 2002. *The Wisdom texts from Qumran and the development of Sapiential thought* (Leuven: Leuven University Press/ Peeters)

Hepner, Benoit P. 1953. 'History and the future: the vision of August Cieszkowski', *Review of Politics* 15(3), 1953, 328–349

Hermannen, Marcia K. 1997. 'Introduction to the study of dreams and visions in Islam', *Religion* 27(1): 1–5

Hessayon, Ariel. 2004. 'Pordage, John', *Oxford Dictionary of National Biography* 44, 909–913

Hirst, Julie. 2004. 'The Divine Ark: Jane Lead's vision of the second Noah's Ark' *Esoterica* 6. Online: http:www.esoteric.msu.edu/VolumeVI/divineark.htm

Hirst, Julie. 2006. 'Dreaming of a New Jerusalem: Jane Lead's Visions of Wisdom', *Feminist Theology* 14(3): 349–365

Hirtenstein, Stephen. 1990. 'Muhyiddin Ibn 'Arabi: The Treasure of Compassion', *Beshara* 12. Online: http://www.ibnarabisociety.org/TreasureofCompassion.html

Hoeller, Stephan A. 1989. 'Wandering bishops: not all roads lead to Rome' *Gnosis: A Journal of Western Inner Traditions* 12. Online:

http://www.gnosis.org/wandering_bishops.htm

[Hohenheim, Theoprast von, *Sämtliche Werke – 1. Abteilung, Medizinische, naturwissenschaftliche und philosophische Schriften* (München/Berlin: Oldenbourg 1931), 13: 390. Online: http://www.digibib.tu-bs.de/?docid=00000701 (21.04.2013)]

Holderlin, Friedrich. 1797. *Hyperion and selected poems*, edited by Eric L. Santner (New York: Continuum, 1990)

[Hölderlin, Friedrich, *Hyperion* (Frankfurt/M.: Insel, 1979), Kap. 10. Online: http://gutenberg.spiegel.de/buch/264/10 (21.04.2013)]

Holzhausen, Jens. 2005. 'Valentinus and Valentinians', *DGWE* 1144–1157

Horsley, Richard A. 1979. 'Spiritual marriage with Sophia', *Vigiliae Christianae*, 33(1): 30–54.

Ivanov, Vyacheslav V. 1993. 'Russia and gnosis'. In: *500 years of gnosis in Europe* (Amsterdam: Inde Pelekaan), 44–53

Jain, P. C. 2004. 'Conception and evolution of the Mother Goddess in India', *Exotic India Art Newsletter*, June. Online: http://www.exoticindiaart.com/article/mother

Jameson, Anna. 1852. *Legends of the Madonna as represented in the fine arts* (London: Longman, Brown, Green and Longman)

Judge, William Q. 1886. 'Jacob Boehme and the secret doctrine' *Theosophist* April. Online: http://www.blavatsky.net/theosophy/judge/articles/jacob-boehme-and-sd.htm

Kalb, Judith E. 2004. 'Dmitri Sergeevich Merezhkovsky', *DLB* 295, 307–318

Kalb, Judith E., and J. Alexander Ogden, eds. 2004. 'Russian writers of the Silver Age, 1890–1925', *DLB* 295

Keller, Hildegard Elisabeth. 2000. *My secret is mine: studies on religion and Eros in the German Middle Ages* (Leuven: Peeters)

Kemp, Theresa D. 2005. '"Here must a beheading go before": the antirational androgynist theosophy of Jane Lead's Revelations of Revelations', *Clio* 34(3): 251–275

Kenny, Margaret. 1986. 'Distinguishing between dreams and visions in ninth-century hagiography', *Gouden Hoorn* 4(1). Online: http://www.isidore-of-seville.com/goudenhoorn/41margaret.html

King Long She. 2000. *The development of the Johannine concept of the New Jerusalem* (Master of Theology thesis, Dallas Theological Seminary)

Kingsford, Anna. 1889. *Clothed with the Sun.*

Online: http://www.sacred-texts.com/wmn/cws

Kinsley, David. 1986. *Hindu Goddesses: visions of the Divine Feminine in the Hindu religious tradition* (Berkeley: University of California Press).

Kinsley, David. 1989. *The goddesses' mirror: visions of the Divine from East and West* (Albany, NY: SUNY Press)

Kinsley, David. 1997. *Tantric visions of the Divine Feminine: the ten mahavidyas* (Berkeley: University of California Press)

Kirkpatrick, Robin. 1990. 'Dante's Beatrice and the politics of singularity', *Texas Studies in Literature and Language* 32(1): 101–119

Kloppenborg, John S. 1982. 'Isis and Sophia in the Book of Wisdom', *Harvard Theological Review*, 75(1), 57–84

Kluveld, Amanda. 2005. 'Kingsford, Anna Bonus', *DGWE* 663–665

Kornblatt, Judith Deutsch. 1991. 'Solov'ev's androgynous Sophia and the Jewish Kabbalah', *Slavic Review* 50(3): 487–496

Kornblatt, Judith Deutsch. 1997. 'Russian religious thought and the Jewish Kabbala' in Bernice Glatzer Rosenthal, ed., *The occult in Russian and Soviet culture* (Ithaca: Cornell University Press), 75–95

Kornblatt, Judith Deutsch. 2004. 'Vladimir Sergeevich Solov'ev', *DLB* 295, 377–386

Kostalevsky, Marina. 1997. *Dostoevsky and Soloviev: the art of integral vision* (New Haven: Yale University Press)

Krawchuk, Andrii. 1997. *Christian social ethics in Ukraine: the legacy of Andrei Sheptytsky* (Edmonton: Canadian Institute of Ukrainian Studies Press)

Kroeker, P. Travis, and Bruce K. Ward. 2001 *Remembering the end: Dostoevsky as prophet to modernity* (Boulder: Westview Press)

Kroll, Jerome, and Bernard Bachrach. 1982. 'Visions and psychopathology in the Middle Ages', *Journal of Nervous and Mental Disease* 170(1): 41–49

Kroll, Jerome, Bernard Bachrach, and Kathleen Carey. 2002. 'A reappraisal of medieval mysticism and hysteria', *Mental Health, Religion and Culture* 5(1): 83–98

Laporte, Jean. 1975. 'Philo in the tradition of Biblical Wisdom literature'. In: Robert L. Wilken, ed., *Aspects of Wisdom in Judaism and early Christianity*, (Notre Dame, IN: University of Notre Dame Press), 103–141

Larsen, Stephen. 1980. 'Swedenborg and the visionary tradition', *Studia Swedenborgiana*, 3(4). Online: http://www.baysidechurch.org

Larsen, Susan. 1998. 'The beautiful lady rebels: sexuality, subjectivity, and the woman artist in Fin-de-Siecle Russia.' Paper presented to the American Association of Teachers of Slavic and East European Languages Annual Meeting [abstract]*. Online: http://aatseel.org/program/aatseel/1998/abstracts/Susan_Larsen.html

[Lead, Jane, *Ein Garten=Brunn gewässert durch die Ströhme der Göttlichen Lustbarkeit* (Amsterdam: Heinrich Wetstein, 1697), 14. Online:

https://play.google.com/books/reader?id=GedYAAAAYAAJ&printsec=frontcover&output=reader&authuser=0&hl=de&pg=GBS.PA14 (21.04.2013)]

Lee, Francis. [n. d.]* 'Concerning Divine Wisdom'. Online: http://www.passtheword.org/Francis-Lee/lee-wisdom.htm

Lee, Matthew Lee. 2004. 'Barmby (John) Goodwyn', *Oxford DNB* 3, 946–947

Leeming, David, and Jake Page. 1994. *Goddess: myths of the female divine* (New York: Oxford University Press)

Lefebure, Leo. 1994. 'The wisdom of God: Sophia and Christian theology', *The Christian Century* 111(29): 951–956

Lewis, C. S. 1946. *The Great Divorce* (London: Geofrey Bles)

Lewis, R. W. B. 2001. 'Dante's Beatrice and the new life of poetry', *New England Review* 22(2): 69–81

Long, Asphodel P. 1987. 'Goddesses of wisdom' Arachne, no.6. Online: http://www.amaranthine.freeserve.co.uk/pages/articles/goddesses_of_wisdom.htm

Long, Asphodel P. 1992. *In a chariot drawn by lions* (London: Women's Press)

Lossky, N. O. 1952. *History of Russian philosophy* (London: George Allen and Unwin)

Lossky, Nicholas. 1999. 'Theology and spirituality in the work of Vladimir Lossky', *The Ecumenical Review* 51(3): 288–293

Lowrie, Donald. 1960. *Rebellious prophet: a life of Nicolai Berdyaev* (London: Gollancz)

Lucius Apuleius. *Metamorphoses*. Extract. In: Ninian Smart, and Richard D. Hecht, eds., *Sacred texts of the world* (New York: Crossroad, 1982), 35–36

Macomber, James. 2003. 'Toward a strategy of inclusion: Jesus as Sophia', *Journal of Liberal Religion* 4(1). Online: http://www.meadville.edu/macomber_4_1.html

Macrae, George W. 1970. 'The Jewish background of the Gnostic Sophia myth', *Novum Testamentum* 12: 87–101

Maddocks, Fiona. 2001. *Hildegard of Bingen: the woman of her age* (New York: Doubleday)

Maillard, Christine. 2005. 'Goethe, Johann Wolfgang von', *DGWE* 432–434

Makdisi, Saree. 2003. *William Blake and the impossible history of the 1790s* (Chicago: University of Chicago Press, 2003)

Mangravite, Andrew. 2002. '"If thou wouldst be a master": Lionel Johnson as a religious poet'. Online: http://www.victorianweb.org/decadence/mangravite.html

Marshall, Richard H., jr, and Thomas E. Bird, eds. 1994. *Hryhorij Skovoroda: an anthology of critical articles* (Edmonton: Canadian Institute of Ukranian Studies)

Masing-Delic, Irene. 2004. 'Aleksandr Aleksandrovich Blok'. In: Judith E. Kalb and J. Alexander Ogden, eds., *Russian writers of the Silver Age, 1890–1925*, *DLB* 295, 81–102

Matthews, Caitlin. 1991. *Sophia: Goddess of Wisdom* (London: Mandala)

McAllister, David. 2003. 'Why I love: Jerusalem', *The Guardian* (UK), August 25

McCalla, Arthur. 2005. 'Saint-Martin, Louis-Claude de', *DGWE* 1024–1031

McDowell, Paula. 2002. 'Enlightenment enthusiasms and the spectacular failure of the Philadelphian Society', *Eighteenth-Century Studies* 35(4): 515–533

McGinn, Bernard. 1979. *Visions of the end: apocalyptic traditions in the Middle Ages* (New York: Columbia University Press)

McGinn, Bernard. 1985. *The Calabrian abbot: Joachim of Fiore in the history of Western thought* (London: Macmillan)

McInerney, Maud, ed. 1998. *Hildegard of Bingen: a book of essays* (New York: Garland)

Mechthild of Magdeburg. 1998. *The flowing light of the Godhead*, übersetzt und vorgestellt von Frank Tobin (New York: Paulist Press)

Mee, Jon. 1992. *Dangerous enthusiasm: William Blake and the culture of radicalism in the 1790s* (Oxford: Oxford University Press)

Meehan, Brenda. 1996. 'Wisdom/Sophia, Russian identity, and Western feminist theology' *Cross Currents* 46(2): 149–168

Merkur, Dan. 1993. *Gnosis: an esoteric tradition of mystical visions and unions* (Albany, NY: SUNY Press, 1993)

Meyendorff, John. 1987. 'Wisdom – Sophia: contrasting approaches to a complex theme', *Dumbarton Oaks Papers* 41: 391–401

Miner, Paul. 2002. 'Blake's London: times and space', *Studies in Romanticism* 41(2): 299–316

[ „Moskowien". In: Wikipedia, Die freie Enzyklopädie. (28.03.2013). Online: http://de.wikipedia.org/w/index.php?title=Moskowien&oldid=116073506 (23.04.2013)]

Murphy, Roland E. 2002. *The tree of life: an exploration of Biblical Wisdom literature* (Grand Rapids, MI: Eerdmans, 3rd ed.)

Nathan, Peter. 2004. 'Jerusalem – center of the Earth?', *Vision: journal for a new world* Online: http://www.vision.org

Naydon, Michael M., ed. 1997. 'Special issue on Hryhorii Skovoroda', *Journal of Ukrainian Studies* 22(1–2)

Newman, Barbara, ed. 1998. *Voice of the living light: Hildegard of Bingen and her world* (Berkeley: University of California Press)

Newman, Barbara. 1987. *Sister of Wisdom: St. Hildegard's theology of the feminine* (Berkeley: University of California Press)

Newman, Barbara. 2002. 'Henry Suso and the medieval devotion to Christ the Goddess' *Spiritus: a journal of Christian spirituality* 2(1): 1–14

Newman, Barbara. 2003. *God and the goddesses: vision, poetry, and belief in the Middle Ages* (Philadelphia: University of Pennsylvania Press)

Newman, Barbara. 2005. 'What did it mean to say "I saw"? The clash between theory and practice in medieval visionary culture', *Speculum* 80(1): 1–43

Nogueira, Paulo Augusto de Souza. 2002. 'Celestial worship and ecstatic-visionary experience', *Journal for the Study of the New Testament* 25(2): 165–184

Novalis. 1800. *Henry von Ofterdingen: a novel*, translated by Palmer Hilty (New York: Frederick Ungar, 1964)

[Novalis. 1802. Heinrich von Ofterdingen (Frankfurt/M., Insel, 1987), Kap. 22. Online: http://gutenberg.spiegel.de/buch/5235/22 (21.04.2013)]

Novick, Leah. 1983. 'Encountering the Shechinah, the Jewish Goddess'. In: Shirley Nicholson, ed., *The Goddess re-awakening* (1983), 204–214. Online: http://www.dhushara.com/book/torah/shek.htm

[Noyce, John. 2007. *Wisdom Tradition – Visions and Prophecies of the Goddess* (Melbourne: Noyce Publishing)]

Ohlenback, Melanie. 2005. 'Lilie, Licht und Gottes Weisheit: Philipp Otto Runge und Jacob Böhme', *Aries* 5(2): 155–199

Olson, Paul A. 1995. *The journey to Wisdom: self-education in patristic and medieval literature* (Lincoln: University of Nebraska Press)

Pachmuss, Temira, ed. 1975. *Between Paris and St. Petersburg: selected diaries of Zinaida Hippius* (Urbana: University of Illinois Press)

Pachmuss, Temira. 1971. *Zinaida Hippius: an intellectual profile* (Carbondale: Southern Illinois University Press)

Pachmuss, Temira. 1990. *D. S. Merezhkovsky in exile: the master of the genre of biographie romancee* (New York: Peter Lang)

Paley, Morton D. 1979. '"A new heaven is begun": William Blake and Swedenborgianism', *Blake: an illustrated quarterly* 50: 64–90

Paley, Morton. 1983. *The continuing city: William Blake's Jerusalem* (Oxford: Clarendon Press)

Parada, Carlos. 1997. 'The Ages of the World'. Online: http://www.maicar.com/GML/AgesOfWorld.html

Patai, Raphael. 1990. *The Hebrew Goddess* (Detroit: Wayne State University Press, 3rd ed.)

Pelikan, Jaroslav. 1996. *Mary through the centuries* (New Haven: Yale University Press)

Perella, Nicolas James. 1969. *The Kiss, Sacred and Profane: an interpretative history of Kiss symbolism and related religio-erotic themes* (Berkeley: University of California Press)

Perkins, Pheme. 1983. 'Sophia and the Mother-Father: the Gnostic Goddess". In: Carl Olson, ed., *The book of the Goddess: past and present* (New York: Crossroad), 97–109

[Petrarca, Francesco, *Secretum meum* (Mainz: Dieterich'sche, 2004), 9]

Petrarch. Secretum (Petrarch's Secret), übersetzt von William H. Draper (London: Chatto & Windus, 1911). Online: http://petrarch.petersadlon.com/secretum.html

Phillips, Michael. 2000. 'William Blake in Lambeth', *History Today* 50(11): 18–25

Pinchard, Bruno. 2005. 'Dante Alighieri', *DGWE* 296–299

Pintchman, Tracy.1994. *The rise of the Goddess in the Hindu tradition* (Albany, NY: SUNY Press)

Pizan, Christine de. *Selected writings of Christine de Pizan*, übersetzt von Renate Blumenfeld-Kosinski and Kevin Brownlee (New York: Norton, 1997)

Poor, Sara S. 2004. *Mechthild of Magdeburg and her book: gender and the making of textual authority* (Philadelphia: University of Pennsylvania Press)

Pordage, John. 1655. *Innocencie appearing through the dark mists of Pretended Guilt* (London: Giles Calvert)

Pordage, John. 1675. *Sophia* (deutsche Übersetzung: Amsterdam, 1699). Auszüge (auf Englisch übersetzt aus dem Deutschen). In: Arthur Versluis, ed., *Wisdom's Book: the Sophia anthology* (St. Paul, Min: Paragon House, 2000), 76–106

Pordage, John. 1681. *A treatise of Eternal Nature with Her seven eternal forms* (London)

Pordage, John. 1683. *Theologia mystica* (London)

Pordage, John. *The wisdom of John Pordage*, hrsg. von Arthur Versluis (St. Paul, Min: New Grail Publishing, 2003)

[Pordage, John, *Theologia mystica* ... (Amsterdam: Heinrich Wettstein, 1968), 15. Online: http://www.google.de/books?id=KEg9AAAAcAAJ&hl=de (21.04.2013)]

Pylypiuk, Natalia. 1990. 'The Primary Door: at the threshold of Skovoroda's theology and poetics', *Harvard Ukrainian Studies* 14(3–4): 551–583

Pylypiuk, Natalia. 2001. 'Hryhorij Skovoroda on the gender of Wisdom', Paper presented to the American Association of Teachers of Slavic and East European Languages Annual Meeting, New Orleans [Abstract]*. Online: http://aatseel.org/program/aatseel/2001/abstracts/Pylypiuk.html

Pylypiuk, Natalie. 2002. 'The face of Wisdom in the prose of Skovoroda', Canadian Association of Slavists Annual Conference, Toronto, May 2002 [abstract]* Online: http://www.utoronto.ca/slavic/cas/CAS-Programme-2002-final.html

Reeves, Marjorie. 1976. *Joachim of Fiore and the prophetic future* (London: SPCK)

Regan, Mariann Sanders. 1982. *Love words: the Self and the Text in Medieval and Renaissance poetry* (Ithaca: Cornell University Press)

Rigby, Kate. 2004. *Topographies of the Sacred: the poetics of place in European Romanticism* (Charlottesville: University of Virginia Press)

Rix, Robert. 2003 'William Blake and the radical Swedenborgians', *Esoterica* 5. Online: http://www.esoteric.msu.edu/VolumeV/Blake.htm

Robb, G. 1998. 'Eugenics, spirituality, and sex differentiation in Edwardian England: the case of Frances Swiney', *Journal of Women's History* 10(3): 97–117

Robinson, James M., ed. 1977. *The Nag Hammadi Library in English* (San Francisco: Harper and Row)

Roerich, Nicholas. [n. d.]* *Realm of Light* [Bd. 6 der amerikanischen Ausgabe seiner Arbeiten]*. Online: http://www.roerich.org/realm.html

Rogers, Matthew D. 2005. 'The angelical stone of Elias Ashmole', *Aries* 5(1): 61–90

Rosenau, Helen. 1979. *Vision of the temple: the image of the temple of Jerusalem in Judaism and Christianity* (London: Oresko Books)

Rosenthal, Bernice Glatzer. 1975. *Dmitri Sergeevich Merezkovsky and the Silver Age: the development of a revolutionary mentality* (The Hague: Martinus Nijhoff)

Rupp, Joyce. 2002. 'Desperately seeking Sophia', *U.S.Catholic* 67(10), October: 28–32

Saint-Martin, Louis de, and Kirchberger, Baron de Liebistorf. 1863. *Theosophic correspondence between Louis Claude de Saint-Martin and Kirchberger, Baron de Liebistorf*, edited by Edward Burton Penny (Exeter: William Roberts, 1863; Pasadena, CA: Theosophical University Press, 1949). Online: http://www.theosociety.org/pasadena/stmartin/stm-hp.htm. Extracts on Sophia, Online: http://www.esoteric.msu.edu/VolumeIV/Saint-MartinIntro.htm

Saliege, J. M. n. d. 'Novalis et Jacob Boehme: Christus und Sophie'. Online: http://jm.saliege.com/novalisboehme.htm

Schäfer, Peter. 2000. 'Daughter, Sister, Bride and Mother: images of the Femininity of God in the early Kabbala', *Journal of the American Academy of Religion* 68(2): 221–242

Schäfer, Peter. 2002. *Mirror of His Beauty: feminine images of God from the Bible to the early Kabbalah* (Princeton: Princeton University Press)

Schaup, Susanne. 1997. *Sophia: aspects of the Divine Feminine past and present* (York Beach, ME: Nicolas-Hays)

Schenke, Hans-Martin, Bethge, Hans-Gebhard und Ursula Ulrike Kaiser, Hrsg. 2010. *Nag Hammadi Deutsch – Studienausgabe – Die dreigestaltige Protennoia (NHC XII, 1)* (Berlin: De Gruyter), 552–569

Schipflinger, Thomas. 1988. *Sophia-Maria* (auf Deutsch; englische Übersetzung: York Beach, ME: Samuel Wiser, 1998)

Schipperges, Heinrich. 1992. 'Paracelsus and his followers'. In: Antoine Faivre and Jacob Needleman, eds., *Modern esoteric spirituality* (New York: Crossroad), 154–185

Scholem, Gershom. 1962. 'Shekhinah: the feminine element in divinity' in his *On the mystical shape of the Godhead: basic concepts in Kabbalah* (auf Deutsch, 1962; englische Ausgabe: New York: Schoken Books, 1991)

Sergeev, Mikhail. 1998. 'Sophiological themes in the philosophy of Nikolai Berdiaev', *Transactions of the Association of Russian-American Scholars in the U.S.A.* 30, 59–72. Online: http://home.early.com/~msergeev/berdiaev.htm

Sergeev, Mikhail. 2000. 'Divine wisdom and the trinity: a 20$^{th}$ century controversy in Orthodox theology', *Religion in Eastern Europe* 20(4). Online: http://www.georgefox.edu/academics/undergrad/departments/soc-swk/ree/sergeev_dwa.html

Sergeev, Mikhail. 2001 'Orthodoxy and democracy: Sophiological themes in the philosophy of Nikolai Losski', *Religion in Eastern Europe* 21(2). Online: http://www.georgefox.edu/academics/undergrad/departments/soc-swk/ree/sergeev_oad01.html

[Seuse, Heinrich, *Stundenbuch der Weisheit: das „Horologium Sapientiae"* (Würzburg: Königshausen & Neumann, 2007), 2. Online: http://books.google.de/books?id=FLk9FVcfal0C&hl=de&source=gbs_navlinks_s (21.04.2013)]

Shah, Idries. 1968. *The way of the Sufi* (London: Octagon Books, 2004)

Silverstein, Theodore. 1948. 'The fabulous cosmogony of Bernadus Silvestris', *Modern Philology* 46(2): 92–116

Sinclair, Susan Dennison. 1981. *Hawthorne's "new revelation": the female Christ* (PhD thesis, Duke University)

Singh, Nikky-Guninder Kaur. 1993. *The feminine principle in the Sikh vision of the transcendent* (London: Cambridge University Press)

Sirriyeh, Elizabeth. 2006. 'Muslims dreaming of Christians, Christians dreaming of Muslims: images from Medieval dream interpretation', *Islam and Christian-Muslim Relations* 17(2): 207–221

Smith, Catherine F. 1979. 'Jane Lead: mysticism and the Woman Cloathed with the Sun'. In: Sandra M. Gilbert and Susan Gubar, eds., *Shakespeare's sisters: feminist essays on women poets* (Bloomington: Indiana University Press), 3–18

Smith, Catherine F. 1979. 'Jane Lead: the feminist mind and art of a seventeenth-century Protestant mystic' in Rosemary Ruether and Eleanor McLaughlin, eds., *Women of spirit: female leadership in the Jewish and Christian traditions* (New York: Simon and Schuster, 1979), 183–203

Smith, Catherine F. 1984. 'Jane Lead's Wisdom: women and prophecy in seventeenth-century England' in Jan Wojcik and Raymond-Jean Frontain, eds., *Poetic prophecy in Western literature* (Cranbury, NJ: Associated University Presses), 55–63

Smith, Nigel. 1989. *Perfection proclaimed: language and literature in English radical religion, 1640–1660* (Oxford: Clarendon Press)

Soloviev, Vladimir. 1898. *Trisvidaniya* (Three meetings). Deutsche Übersetzung von Ralph Koprince in Proffer, Carl, and Ellendea Proffer, eds., *The Silver Age of Russian culture: an anthology* (Ann Arbor: Aldis, 5th ed., 1975), 127–134

Spector, Sheila A. 1983. 'Kabbalistic sources – Blake's and his critics'', *Blake: an illustrated quarterly* 17(3): 84–99

Spector, Sheila A. 2001. *"Wonders Divine": the development of Blake's Kabbalistic myth* (Lewisburg: Bucknell Press)

Spector, Sheila A. 2005. 'Blake, William' *DGWE* 173–177

Stead, G. C. 1969. 'The Valentinian myth of Sophia', *Journal of Theological Studies*, new series, 20(1): 75–104

Stephens, Rebecca. n. d. ''At leisure for love': amorous rhetoric in the Helfta mystics'. Online: http://www.nthposition.com/strange_erotic.html

Stover, Allan J. 1948.'The rising tide of a new age', *Theosophical Forum*, April 1948. Online: http://www.theosophy-nw.org/theosnw/cycles/cy-stov.htm

Stremooukhoff, Dimitrii N. 1935. *Vladimir Soloviev and his messianic work* (Paris, 1935; Deutsche Übersetzung: Belmont, MA: Nordland, 1980)

Stuckrad, Kocku von. 2005. 'Western esotericism: towards an integrative model of interpretation', *Religion* 35(1): 78–97

Sur, Carolyn Worman. 1993. *The feminine images of God in the visions of Saint Hildegard of Bingen's Scivias* (Lewiston, NY: Edwin Mellen Press)

Sutton, Jonathan. 1988. *The religious philosophy of Vladimir Solovyov: towards a reassessment* (Basingstoke: Macmillan)

Swedenborg, Emmanuel. 1758. *New Jerusalem and its philosophy from heaven* (London), reprinted in *Studia Swedenborgiana* 6(2)

Swiney, Frances. 1908. *The awakening of women, or woman's part in evolution* (London: William Reeves, 3rd rev. ed.)

Taylor, Barbara. 1983. *Eve and the New Jerusalem: socialism and feminism in the nineteenth century* (London: Virago Press)

Taylor, Barbara. 2004. 'Barmby [geb. Wakins]*, Catherine Isabella', *Oxford DNB* 3, 947–948

*The Jerusalem Bible*. 1966. (London: Darton, Longsman and Todd)

*The Wisdom of Solomon*, Kommentar von Ernest G. Clarke (Cambridge: Cambridge University Press, 1973)

*The Wisdom of Solomon: a new translation*, von David Winston (New York: Doubleday/Anchor Bible, 1979)

Thompson, E. P. 1993. *Witness against the beast: William Blake and the moral law* (Cambridge: Cambridge University Press)

Thornton, R. K. R. 2004. 'Johnson, Lionel Pigot', *Oxford DNB* 30, 288–289

Tomlinson, C. 1890. 'The relations between Dante and Beatrice', *The Academy* 37(936): 253–255

Toorn, K. van der 1998. 'Goddesses in early Israelite religion' in Lucy Goodison and Christine Morris, eds., *Ancient Goddesses: the myths and the evidence* (London: British Museum Press), 83–97

Toth, Ladislaus. 2005. 'Gnostic Church', *DGWE* 400–403

Tov, Walter D. 1918. 'The mysticism of Novalis', *Studies in Philology* 15: 14–22

Trill, Suzanne [et al]*, eds. 1997. *Lay by your needles ladies, take the pen: writing women in England, 1500–1700* (London: Arnold)

Vassilaki, Maria, ed. 2000. *Mother of God: representations of the Virgin in Byzantine art* (Milano: Skira Editore)

Versluis, Arthur, ed. 2000. *Wisdom's Book: the Sophia anthology* (St. Paul, Min: Paragon House)

Versluis, Arthur. 1994. *Theosophia: hidden dimensions of Christianity* (Hudson, NY: Lindisfarne Press)

Versluis, Arthur. 1998. 'Christian theosophic literature'. In: Roelof van den Broek and Wouler J. Hanegraaff, eds., *Gnosis and hermeticism from antiquity to modern times* (Albany, NY: SUNY Press), 217–235

Versluis, Arthur. 1999. *Wisdom's Children: a Christian esoteric tradition* (Albany, NY: SUNY Press)

Versluis, Arthur. 2000. 'Western esotericism and consciousness', *Journal of Consciousness Studies*, 7(6): 20–33

Versluis, Arthur. 2005. 'Gichtel, Johann Georg', *DGWE* 392–395

Versluis, Arthur. 2005. 'Lead(e), Jane', *DGWE* 683–685

[Vogt, Paul, *Der Blaue Reiter* (Köln: DuMont, 1977). Online:

http://books.google.de/books?id=oPHpAAAAMAAJ (21.04.2013)]

Walker, D. P. 1964. *Decline of hell: seventeenth century discussion of eternal torment* (London: Routledge Kegan Paul)

Walsh, David. 1983. *Mysticism of innerworldly fulfilment: a study of Jacob Boehme* (Gainesville: University Presses of Florida)

Weeks, [Charles]* Andrew. 1991b. 'Jacob Boehme and the Thirty Years War', *Central European History* 24(3): 213–221

Weeks, Andrew. 1991a. *Boehme: an intellectual biography of the seventeenth century philosopher and mystic* (Albany, NY: SUNY Press)

Weeks, Andrew. 2005. 'Boehme, Jacob', *DGWE* 185–192

Weir, David. 2003. *Brahma in the West: William Blake and the oriental renaissance* (Albany, NY: SUNY Press)

West, David R. 1995. *Some cults of Greek goddesses and female daemons of Oriental origin* (Kevelaer, Germany: Verlag Butzon & Bercker)

West, Delno C., and Sandra Zimdars-Swartz. 1983. *Joachim of Fiore: a study in spiritual perception and history* (Bloomington: Indiana University Press)

Wiethaus, Ulrike. 1996. *Ecstatic transformation: transpersonal psychology in the work of Mechthild of Magdeburg* (Syracuse, NY: Syracuse University Press)

Wilken, Robert L. 1975. 'Wisdom and philosophy in early Christianity' in his *Aspects of Wisdom in Judaism and early Christianity* (Notre Dame, IN: University of Notre Dame Press), 143–168

Wilken, Robert L., ed. 1975. *Aspects of Wisdom in Judaism and early Christianity* (Notre Dame, IN: University of Notre Dame Press)

Willard, Charity Cannon. 1984. *Christine de Pizan: her life and works* (New York: Persea Books)

Williamson, Lori. 2004. 'Kingsford [geb. Bonus]*, Anna [Annie]*', *Oxford DNB* 31, 699–701

[Wirz, J. J., *Zeugnisse und Eröffnungen des Geistes* (Walbachtal: Christlicher Schriftenversand, 2010), 1:322f und 410]

Wolfson, Elliot R. 1994. *Through a speculum that shines: vision and imagination in medieval Jewish mysticism* (Princeton, NJ: Princeton University Press)

Xu, Judith Chuan Xu. 2003. 'Poststructuralist feminism and the problem of femininity in the *Daodejing*', *Journal of Feminist Studies in Religion* 19(1): 47–64

Yeo, Eileen Janes. 1998. 'Protestant feminists and catholic saints in Victorian Britain', in Yeo, ed., *Radical femininity* (Manchester: Manchester University Press), 127–148

Zakydalsky, Taras. 1965. *The theory of man in the philosophy of Skovoroda* (MA thesis, Bryn Mawr College). Online: http://www.ditext.com/zakydalsky/skovoroda.html

Zakydalsky, Taras. 1994. 'Skovoroda's moral philosophy', in Richard H. Marshall, jr, and Thomas E. Bird, eds., *Hryhorij Skovoroda: an anthology of critical articles* (Edmonton: Canadian Institute of Ukranian Studies, 1994)

Zernov, Nicholas. 1944. *Three Russian prophets* (London: SCM Press)

Zlobin, Vladimir. 1980. *A difficult soul* (Berkeley: University of California Press, 1980)

# Anmerkungen

## Impressum

[1] Verwendung mit freundlicher Genehmigung des Nicholas-Roerich-Museums, New York. Online: http://www.roerich.org/museum-paintings-catalogue.php (11.07.2013).

## Einleitung

[2] s. Wouter J. Hanegraaff, "Some remarks on the study of Western Esotericism (1999); Kocku von Stuckrad, "Western esotericism: towards an integrative model of interpretation", *Religion* 35(1), 2005, 78–97; Arthur Versluis, „Western esotericism and consciousness", *Journal of Consciousness Studies* 7(6), 2000, 20–33. Auch folgende Arbeiten: Antoine Faivre and Jacob Needleman, eds., *Modern esoteric spirituality* (New York, Crossroad, 1992); Roelof van den Broek and Wouler J. Hanegraaff, eds., *Gnosis and hermeticism from antiquity to modern times* (Albany, NY: SUNY Press, 1998); Wouter J. Hanegraaff, ed., *Dictionary of Gnosis and Western Esotericism* (Leiden: Brill, 2005). Das Fachgebiet bedienen zwei Journale: die internetbasierte *Esoterica* (Michigan State University, USA) und *Aries: journal for the study of Western Esotericism* (Brill, Netherlands) sowie drei Buchreihen: *SUNY series in Western Esoteric Traditions* (SUNY Press, NY, USA), *Aries book series – texts and studies in Western Esotericism* (Brill, Netherlands) und *Gnostica* (Peeters, Belgium). Zusätzlich wurden verschiedene Konferenzen und Symposien von professionellen Organisationen wie der in den USA beheimateten *Association for the Study of Esotericism* und der neu gegründeten *European Society for the Study of Western Esotericism* und der *Western Esotericism Group* of the American Academy of Religion durchgeführt. Das Thema wird an der Sorbonne in Paris (France), der University of Amsterdam (Netherlands), der University of Exeter (U.K.) und University of Wales at Lampeter (U.K.) behandelt. Es existieren damit verbundene Kurse an der University of Kent (U.K.) („Cosmology and Divination") und am Kepler College (USA) (Astronomy).

[3] s. N. N. Bhattacharyya, *The Indian Mother Goddess* (New Delhi: Manohar, 3rd ed., 1999); P. C. Jain, „Conception and evolution of the Mother Goddess in India", *Exotic India Art Newsletter*, June 2004; Shashi Das Gupta, „Evolution of Mother worship in India". In: Swami Madhavananda and Ramesh Chandra Majumdar, eds., *Great women of India* (Calcutta: Advaita Ashrama, 1954), 49–86; David Kinsley, *Hindu Goddesses: visions of the Divine Feminine in the Hindu religious tradition* (Berkeley: University of California Press, 1986); Kinsley, *Tantric visions of the Divine Feminine: the ten mahavidyas* (Berkeley: University of California Press, 1997); s. a. Verweise zu Kap. 1, Endnote 14 unten.

[4] Peter Schäfer, *Mirror of His beauty: feminine images of God from the Bible to the early Kabbalah* (Princeton: Princeton University Press, 2002); Barbara Newman, *God and the Goddesses: vision, poetry, and belief in the Middle Ages* (Philadelphia: University of Pennyslvania Press, 2003); Arthur Versluis, *Wisdom's Children: a Christian esoteric tradition* (Albany, NY: SUNY Press, 1999); Versluis, ed., *Wisdom's Book: the Sophia anthology* (St. Paul, Min: Paragon House, 2000).

## Anmerkungen

⁵ Nikky-Guninder Kaur Singh, *The feminine principle in the Sikh vision of the transcendent* (London: Cambridge University Press, 1993).

⁶ E. M. Chen, „Nothingness and the Mother principle in early Chinese Taoism", *International Philosophical Quarterly* 9(3), 1969, 391–405; Chen, „Tao as the Great Mother and the influence of motherly love in the shaping of Chinese philosophy", *History of religions* 14(1), 1974, 51–73; Judith Chuan Xu, „Poststructuralist feminism and the problem of femininity in the *Daodejing*", *Journal of Feminist Studies in Religion* 19(1), 2003, 47–64; Catherine Despeux and Livia Kohn, *Women in Daoism* (Cambridge, Mass: Three Pines Press, 2003), insbs. Kap. 2: „The Mother of the Dao." Hinsichtlich der chinesischen Göttin Kuan Yin s. John Blofield, *Compassion yoga: the mystical cult of Kuan Yin* (London: George Allen and Unwin, 1977).

⁷ Laurence Galian, „The centrality of the Divine Feminine in Sufism" (2003); Anon., „Fatimah, Mary and the Divine Feminine in Islam", *Knowledge of Reality* 22, 2001, 3–6.

⁸ Hinsichtlich der Schechina als Manifestation des Göttlich-Weiblichen s. Raphael Patai, *The Hebrew Goddess* (Detroit: Wayne State University Press, 3rd ed., 1990), insbs. Kap. 9: „The Shekhina as Maggid and Vision"; Peter Schäfer, *Mirror of His beauty*; Schäfer, „Daughter, Sister, Bride and Mother: images of the Femininity of God in the early Kabbala", *Journal of the American Academy of Religion* 68(2), 2000, 221–242; Arthur Green, „Shekhinah, the Virgin Mary, and the Song of Songs: reflections on a Kabbalistic symbol in its historical context", *AJS Review* 26(1), 2002, 1–52.

⁹ Thomas Schipflinger, *Sophia-Maria* (auf Deutsch: 1988; englische Übersetzung: York Beach, ME: Samuel Wiser, 1998)

¹⁰ s. Kap. 3 und Endoten 58–60.

¹¹ Für eine Besprechung der Visionen im mittelalterlichen Europa s. Barbara Newman, „What did it mean to say 'I saw'? The clash between theory and practice in medieval visionary culture", *Speculum* 80(1), 2005, 1–43. Für psychologische Perspektive s. Jerome Kroll and Bernard Bachrach, „Visions and psychopathology in the Middle Ages", *Journal of Nervous and Mental Disease* 170(1), 1982, 41–49; Jerome Kroll, Bernard Bachrach, and Kathleen Carey, „A reappraisal of medieval mysticism and hysteria", *Mental Health, Religion and Culture* 5(1), 2002, 83–98.

¹² Die Rolle der Träume in wissenschaftlichen Studien der Religionsgeschichte untersuchen Wendy Doniger and Kelly Bulkeley, „Why study dreams? A religious studies perspective", *Dreaming* 3(1), 1993, 69–73. Für eine Beschreibung der Rolle der Träume in der Philosophiegeschichte s. Christopher Dreisbach, „Dreams in the history of philosophy", *Dreaming* 10(1), 2000, 31–41. Byzantische Träume und Visionen bespricht Margaret Kenny in „Distinguishing between dreams and visions in ninth-century hagiography", *Gouden Hoorn* 4(1), 1986. Neuere Literatur über Träume findet man in einer nachgedruckten Artikelauswahl bei Kelly Bulkeley, *Dreams: a reader on religious, cultural and psychological dimensions of dreaming* (New York: Palgrave, 2001).

¹³ Einen bemerkenswerten und weitreichenden Überblick findet man bei Dan Merkur, *Gnosis: an esoteric tradition of mystical visions and unions* (Albany, NY: SUNY Press, 1993). Visionäre Erfahrungen alter Kulturen beschreibt Paulo Augusto de Souza Nogueira, „Celestial worship and ecstatic-visionary experience", *Journal for the Study of the New Testament* 25(2), 2002, 165–184. Für eine vergleichende Perspektive, die die Rolle der Visionen

# Anmerkungen

und Träume im Islam in Betracht zieht, s. Marcia K.Hermannen, „Introduction to the study of dreams and visions in Islam", *Religion* 27(1), 1997, 1–5; Nile Green, „The religious and cultural roles of dreams and visions in Islam", *Journal of the Royal Asiatic Society*, series 3, 13(3), 2003, 287–313; Kelly Bulkeley, „Reflections on the dream traditions of Islam", *Sleep and Hypnosis* 4(1), 2002, 4–14; Elizabeth Sirriyeh, „Muslims dreaming of Christians, Christians dreaming of Muslims: images from Medieval dream interpretation", *Islam and Christian-Muslim Relations* 17(2), 2006, 207–221. Es gibt ausführliche Literatur über Träume und visonäre Erfahrungen im Judentum. Dazu gehören u. v. a. Alan Brill, „The phenomenology of true dreams in Maimonides", *Dreaming* 10(1), 2000, 43–54; Yoram Bilu, „Dybbuk and Maggid: two cultural patterned [sic] of altered consciousness in Judaism", *AJS Review* 21(2), 1996, 341–366; Elliot R. Wolfson, *Through a speculum that shines: vision and imagination in medieval Jewish mysticism* (Princeton, NJ: Princeton University Press, 1994).

## Kapitel 1

[14] s. Anne Baring and Jules Cashford, *The myth of the Goddess* (New York: Viking, 1991). Herausgreifen kann man unter vielen anderen allgemeinen Studien David Leeming and Jake Page, *Goddess: myths of the female divine* (New York: Oxford University Press, 1994) und ebenfalls David Kinsley, *The goddesses' mirror: visions of the Divine from East and West* (Albany, NY: SUNY Press, 1989). Hinsichtlich der Göttin in der antiken Welt s. einleitende Kap. von Baring and Cashford sowie Asphodel P. Long, *In a chariot drawn by lions* (London: Women's Press, 1992). Für eine kritische Neubewertung der Göttinen in antiken Gesellschaften s. Lucy Goodison, and Christine Morris, eds., *Ancient Goddesses: the myths and the evidence* (London: British Museum Press, 1998), und Endnote 22.

[15] s. N. N. Bhattacharyya, *The Indian Mother Goddess* (New Delhi: Manohar, 3rd ed., 1999); John Stratton Hawley, and Donna M.Wulff, eds., *Devi: Goddesses of India* (Berkeley: University of California Press, 1996); Tracy Pintchman, *The rise of the Goddess in the Hindu tradition* (Albany, NY: SUNY Press, 1994); C. Mackenzie Brown, *The triumph of the Goddess: the canonical models and theological visions of the Devi-Bhagavata Purana* (Albany, NY: SUNY Press, 1990); Thomas B. Coburn, *Devi-Mahatmya: the crystallization of the Goddess tradition* (Delhi: Motilal Banarsidass, 1984).

[16] s. Peter Schäfer, *Mirror of His beauty: feminine images of God from the Bible to the early Kabbalah* (Princeton: Princeton University Press, 2002); Barbara Newman, *God and the Goddesses: vision, poetry, and belief in the Middle Ages* (Philadelphia: University of Pennyslvania Press, 2003), Arthur Versluis, *Wisdom's Children: a Christian esoteric tradition* (Albany, NY: SUNY Press, 1999).

[17] die Rolle der Weisheit in der jüdischen Überlieferung beschreiben John Day et al., eds, *Wisdom in ancient Israel* (Cambridge: Cambridge University Press, 1995); Robert L. Wilken, ed., *Aspects of Wisdom in Judaism and early Christianity*, (Notre Dame, IN: University of Notre Dame Press, 1975); John G. Gammie and Leo G. Perdue, *The Sage in Israel and the ancient Near East* (Winona Lake, WA: Eisenbrauns, 1990); Roland E. Murphy, *The tree of life: an exploration of Biblical Wisdom literature* (Grand Rapids, MI: Eerdmans, 3rd ed., 2002). Für einen allgemeinen Überblick über die Tradition der Sophie s. Pamela A. Foulkes, „Lady Sophia". In: Julie S. Barton and Constant J. Mews, eds., *Hilde-

gard of Bingen and gendered theology in Judaeo-Christian tradition (Clayton, Vic., Australia: Centre for Studies in Religion and Theology, Monash University, 1995), 9–18. Thomas Schipflinger, *Sophia-Maria* (auf Deutsch: 1988; englische Übersetzung: York Beach, ME: Samuel Wiser, 1998), hat den Umfang einer Enzyklopädie und ist besonders bei den deutschen Mystikern hilfreich, obwohl es die deutschen romantischen Schriftsteller ignoriert. Caitlin Matthews, *Sophia: Goddess of Wisdom* (London: Mandala, 1991) diskutiert dagegen auch die Sophia der westlichen Tradition. Für nützliche kürzere Übersichten s. Arthur Versluis, *Theosophia: hidden dimensions of Christianity* (Hudson, NY: Lindisfarne Press, 1994), insbesonder Kap. 10; Joyce Rupp, „Desperately seeking Sophia", *U.S.Catholic* 67(10), Okt. 2002, 28–32.

[18] Für eine ausführliche Diskussion s. Claudia V. Camp, *Wisdom and the feminine in the Book of Proverbs* (Sheffield: Almond/JSOT Press, 1985).

[19] Text stammt aus *The Jerusalem Bible* [entspricht der deutschen Einheitsübersetzung] (London: Darton, Longsman and Todd, 1966), 1356.

[20] Dieser Text erlangte den Namen *Ecclesiasticus*, da er häufig in christlichen Kirchen gelesen und deshalb *Liber ecclesiasticus* (Lat. = Kirchenbuch) genannt wurde. S. *Ecclesiasticus* oder *The Wisdom of Jesus, son of Sirach*, Kommentar von John G. Snaith (Cambridge: Cambridge University Press, 1974), 1.

[21] Baring and Cashford, 472.

[22] Dieser Text stammt aus *The Wisdom of Solomon* der *New English Bible*, Kommentar von Ernest G. Clarke (Cambridge: Cambridge University Press, 1973), 45–46. Die Datierung stammt aus *The Wisdom of Solomon: a new translation* von David Winston (New York: Doubleday/Anchor Bible, 1979), 3. Für eine Diskussion dieses und anderer jüdischer Weisheitstexte aus Alexandria s. John J. Collins, *Jewish Wisdom in the Hellenic age* (Louisville: Westminster/John Knox Press, 1997); Shannon Burkes, „Wisdom and apocalypticism in the Wisdom of Solomon", *Harvard Theological Review* 95(1), 2001, 21–44.

[23] Asphodel P. Long, „Goddesses of wisdom", *Arachne* no.6, 1987. S. a. Long, *In a chariot drawn by lions*, insbs. Kap. 6. Long scheint zu ignorieren, dass in der jüdischen Kabbalah, in Texten wie dem *Sefer ha Zohar* (Spain, late 13th century CE), die Weisheit als *chochmah* männlich ist. Für die hellenischen Göttinnen s. David R. West, *Some cults of Greek goddesses and female daemons of Oriental origin* (Kevelaer, Germany: Verlag Butzon & Bercker, 1995); Lee Hall, *Athena: a biography* (Reading, Mass: Addison-Wesley, 1997); Susan Deacy and Alexander Villing, eds., *Athena in the classical world* (Leiden: Brill, 2001). Für Asherah, s. Judith M. Hadley, *The cult of Asherah in ancient Israel and Judah: evidence of a Hebrew Goddess* (Cambridge: Cambridge University Press, 2000); Raphael Patai, *The Hebrew Goddess* (Detroit: Wayne State University Press, 3rd ed., 1990), insbs. 1; Karel van der Toorn, „Goddesses in early Israelite religion" in Goodison and Morris, 83–97.

[24] s. Apuleius, *Der goldene Esel*.

[25] Der Text stammt aus Buch 11, Kap. 47 der Übersetzung von Adlington (1566) bei Rose Horman Arthur, *The Wisdom Goddess: feminine motifs in eight Nag Hammadi documents* (Lanham, MD: University Press of America, 1984), 158–159. Die satirischen Aspekte von Buch 11 werden diskutiert bei S. J. Harrison, *Apuleius: a Latin Sophist* (Oxford: Oxford

# Anmerkungen

University Press, 2000), 246–252. Für eine Betrachtung von Isis und Sophia in der *Weisheit Salomons* s. John S. Kloppenborg, „Isis and Sophia in the Book of Wisdom", *Harvard Theological Review* 75(1), 1982, 57–84.

[26] Schenke, H.-M., Bethge, H.-G. und U. U. Kaiser, Hrsg., *Nag Hammadi Deutsch – Studienausgabe – Die dreigestaltige Protennoia (NHC XII, 1)* (Berlin: De Gruyter, 2010), 554. Die eckigen Klammern im Text ([ …]) stammen in diesem Fall aus dem Originaltext der deutschen Übersetzung der koptisch-gnostischen Texte und wurden nicht durch den Übersetzer dieses Buches eingefügt. Auch die alte Rechtschreibung wurde übernommen.

[27] Aus der Übersetzung von John D. Turner in James M. Robinson, ed., *The Nag Hammadi Library in English* (San Francisco: Harper and Row, 1977), 461–470. Die einzigartige Kopie in der Nag-Hammadi-Bibliothek wird physikalischen Belegen zufolge auf das 2. Jhd. n. Chr. datiert (ca. 150–175).

[28] Schenke et al., *Nag Hammadi Deutsch*, 561f.

[29] Baring and Cashford, 612

[30] Einige davon haben in der Nag-Hammadi-Bibliothek überlebt. S. Arthur, *The Wisdom Goddess*; C. Hempel, et al, eds., *The Wisdom texts from Qumran and the development of Sapiential thought* (Leuven: Leuven University Press/ Peeters, 2002). S. a. George W. Macrae, „The Jewish background of the Gnostic Sophia myth", *Novum Testamentum* 12, 1970, 87–101; Pheme Perkins, „Sophia and the Mother-Father: the Gnostic Goddess". In: Carl Olson, ed., *The book of the Goddess: past and present* (New York: Crossroad, 1983), 97–1–9.

[31] Jean Laporte, „Philo in the tradition of Biblical Wisdom literature". In: Wilken, *Aspects*, 103–141; Schipflinger, Kap. 2–4; James Macomber, „Toward a strategy of inclusion: Jesus as Sophia", *Journal of Liberal Religion* 4(1), Winter 2003; Robert L. Wilken, „Wisdom and philosophy in early Christianity" in seinen *Aspects*, 143–168; Leo Lefebure, „The wisdom of God: Sophia and Christian theology", *The Christian Century* 111(29), 19 October 1994, 951–956.

[32] Boethius, *De Consolatione Philosophiae*. Online: http://ccat.sas.upenn.edu/jod/boethius/boethius.html

[33] s. Boethius, *Der Trost der Philosophie*.

[34] z. B. Schipflinger, 96–98; Baring and Cashford, 634–635.

[35] Ihre Visionen sind in drei Büchern aufgezeichnet: *Scivias* (Know the Ways) (New York: Paulist Press, 1990); *Liber Vitae Meritorum* (The Book of the Rewards of Life), übersetzt von Bruce W. Hozeski (New York: Garland, 1994) und *Liber Divinorum Operum simplicis Hominis* (The Book of the Divine Works of a Simple Person). In: *Hildegard of Bingen's Book of Divine works, with letters and songs,* hrsg. von Matthew Fox (Santa Fe, NM: Bear and Company, 1987). Für die von Boethius beeinflusste Vision s. "Letter to Werner". In: *The letters of Hildegard of Bingen*, übersetzt von Joseph L. Baird and Radd K. Ehrmann (New York: Oxford University Press, 1994–1998), vol.2, 92. Es gibt umfangreiche Sekundärliteratur, inkl. Sabina Flanagan, *Hildegard of Bingen, 1098–1179: a visionary life* (London: Routledge, 2nd ed. 1998); Barbara Newman, *Sister of Wisdom: St. Hildegard's theology of the feminine* (Berkeley: University of California Press, 1987); Fiona Maddocks, *Hildegard of Bingen: the woman of her age* (New York: Doubleday, 2001); Carolyn

## Anmerkungen

Worman Sur, *The feminine images of God in the visions of Saint Hildegard of Bingen's Scivias* (Lewiston, NY: Edwin Mellen Press, 1993) und zwei editierte Bände: Barbara Newman, ed., *Voice of the living light: Hildegard of Bingen and her world* (Berkeley: University of California Press, 1998); Maud McInerney, ed., *Hildegard of Bingen: a book of essays* (New York: Garland, 1998).

[36] Brief an Werner. In: *The letters of Hildegard of Bingen*, vol.2, 92. Für eine Diskussion der von Hildegard in ihrer Korrespondenz beschriebenen Visionen s. Gillian T. W. Ahlgren, „Visions and rhetorical strategy in the letters of Hildegard of Bingen". In: Karen Cherewatuk and Ulrike Wiethaus, eds., *Dear Sister: medieval women and the epistolary genre* (Philadelphia: University of Pennsylvania Press, 1993), 46–63.

[37] s. Bingen, Hildegard von, *Im Feuer der Taube – Die Briefe* – 149R Hildegard an Werner (Kirchheim-Bolanden) (Augsburg: Pattloch, 1997), 282.

[38] Newman, *Sister of wisdom*, 74–75; George D. Economou, „Natura" in Katharina M. Wilson, and Nadia Margolis, eds., *Women in the Middle Ages* (Wesport, Conn: Greenwood Press, 2004), vol.2, 713–721, insbs. 716.

[39] Verschiedentlich auch bekannt als Ebn Arabi, Ebn al-Arabi, aber nicht zu verwechseln mit dem früheren Abu Bakr Ebn al-Arabi (gest. 1148). Für eine Zusammenfassung seines Lebens und seiner Schriften s. William C. Chittick, „Ibn al-'Arabi", *Encyclopaedia Iranica*; Stephen Hirtenstein, „Muhyiddin Ibn „Arabi: The Treasure of Compassion", *Beshara* 12, 1990. S. a. verschiedene Artikel auf der Internetseite der Muhyiddin Ibn 'Arabi Society. Online: http://www.ibnarabisociety.org/index.html (21.04.2013).

[40] s. Camille Adams Helminski, „Women and Sufism", *Gnosis* 30, Winter 1994.

[41] Hazrat Inayat Khan, *The Sufi message of Hazrat Inayat Khan. Vol.9: The unity of religious ideals. Part 6: Sufism*. Online: http://wahiduddin.net/mv2/IX/IX_31.htm (21.04.2013). Die üblichere Erklärung lautet, dass der Begriff „Sufi" vom arabischen Wort für Wolle, Suf, abgeleitet wird; vergl. Kenneth S. Avery, *A psychology of early Sufi sama* (London: Routledge Curzon, 2004), 1.

[42] Verse von Idries Shah, *The way of the Sufi* (1968; London: Octagon Books, 2004), 78–79.

[43] Der Vergleich zwischen al-Arabi und Dante wurde zuerst von dem spanischen Wissenschaftler Miguel Asin Palacios in seinem *La escatologia musalmana en la Divina Comedia* (Madrid, 1919) vorgenommen, später auf Englisch als *Islam and the Divine Comedy* veröffentlicht und übersetzt und gekürzt von Harold Sutherland (London: J. Murray/New York: E. P. Dutton, 1926). Für eine breitere Perspektive s. Paul A. Cantor, „The Uncanonical Dante: The Divine Comedy and Islamic philosophy", *Philosophy and Literature* 20(1), 1996, 138–153.

[44] Dante, Alighieri, *Die Göttliche Komödie* (Boulder: The Electronic Literature Foundation, 1997–2012), Paradiso XXX, 37–40. Online: www.divinecomedy.org (22.04.2013) oder Dante Alighieri, *Die Göttliche Komödie* (München: dtv, 1978), 443.

[45] s. R. W. B. Lewis, „Dante's Beatrice and the new life of poetry", *New England Review* 22(2), 2001, 69–81; Robin Kirkpatrick, „Dante's Beatrice and the politics of singularity", *Texas Studies in Literature and Language* 32(1), 1990, 101–119. Eine frühe und immer noch nützliche Analyse von Beatrice als göttliche Weisheit bietet C. Tomlinson, „The relations between Dante and Beatrice", *The Academy* 37(936), 12. April 1890, 253–255. Für

## Anmerkungen

den Vergleich mit Boethius s. Angelo Gualtieri, „Lady Philosophy in Boethius and Dante", *Comparative Literature* 23, 1971, 141–150; Peter Dronke, „Boethius, Alanus and Dante", *Romanische Forschungen* 78(1), 1966, 119–125. Für eine Analyse der Träume in Dantes Werken s. Dino S. Cervigni, *Dante's poetry of dreams* (Firenze: Leo S. Olschki, 1986). Für eine interessante Bewertung von Dantes Stellung in der westlichen Esoterik s. Bruno Pinchard, „Dante Alighieri", *DGWE* (2005), 296–299.

[46] 27 Schäfer, *Mirror*, 172.

[47] Botticelli, Sandro, Dante und Beatrice (nach 1480). Online: http://danteworlds.laits.utexas.edu/paradiso/gallery/0610dante.jpg (29.04.2013)

[48] 28 Schäfer, *Mirror*, 233.

[49] s. Rabbi Leah Novick, „Encountering the Shechinah, the Jewish Goddess" in Shirley Nicholson, ed., *The Goddess re-awakening* (1983), 204–214; Gershom Scholem, „Shekhinah: the feminine element in divinity". In: Scholem, *On the mystical shape of the Godhead: basic concepts in Kabbalah* (auf Deutsch, 1962; englische Ausgabe: New York: Schoken Books, 1991), Kap. 4, 140–196; Asphodel P. Long, „Wisdom, the Torah and the Shekinah". In: Long, *In a chariot*, 175–179; Patai, *The Hebrew Goddess*, insbs. chapters 4 and 9; Schäfer, *Mirror*, insbs. Kap. 4–6.

[50] Für weibliche Formen des Göttlichen im mittelalterlichen Europa s. Newman, *God and the Goddesses*. S. a. Caroline Walker Bynum, *Jesus as Mother* (Berkeley: University of California Press, 1982). Für Suso s. Barbara Newman, „Henry Suso and the medieval devotion to Christ the Goddess", *Spiritus: a journal of Christian spirituality* 2(1), 2002, 1–14; Newman, *God and the Goddesses*, 12–14, 206–222; Jeffrey F. Hamburger, „The use of images in the pastral care of nuns: the case of Heinrich Suso and the Dominicans", *Art Bulletin* 71(1), 1989, 20–46.

[51] Alain de Lille, *The complaint of nature*, Übersetzung von Douglas M. Moffat (Yale Studies in English 36, 1908), 3.

[52] Die Übersetzung basiert wesentlich auf der direkten Übersetzung des mittellateinischen Originaltext, editiert von Nikolaus M. Häring, Alan of Lille, „De planctu naturae". In: *Studi Medievali* 19 (1978), 797–879, hier 808–809. Dafür danke ich Dr. A. Loose vom Lehrstuhl für Mittel- und Neulateinische Philologie der Martin-Luther-Universität Halle-Wittenberg, dessen Vorlage ich selbst noch etwas angepasst habe.

[53] Newman, *God and the Goddesses*, 76. Die neueste Studie von Alain de Lille (auch bekannt als Alanus de Insulis) findet sich bei Newman, Kap. 2. S. a. George D. Economou, *The Goddess Natura in medieval literature* (Cambridge, Mass: Harvard University Press, 1972), Kap. 3. Für den boethianischen Einfluss auf den *Anticlaudianus* s. Dronke, „Boethius, Alanus and Dante."

[54] Auch diese Übersetzung basiert sowohl auf dem englischen Text wie auch auf Dr. Looses Übersetzung des mittellateinischen Originals von Alanus ab Insulis, *Anticlaudianus*, Lib. Qintus, 178–185. Online: http://www.intratext.com/IXT/LAT0842/_P1V.HTM (02.05.2013) von Dr. Loose von der Martin-Luther-Universität Halle-Wittenberg (s. o.).

[55] Für eine Diskussion von Lady Nature (*Natura*) in der *Cosmographia* und dem Einfluss von Silvestrius auf de Lilles *Anticlaudianus* s. Newman, *God and the Goddesses*, Kap. 2;

Economou, „Natura"; Theodore Silverstein, „The fabulous cosmogony of Bernadus Silvestris", *Modern Philology* 46(2), 1948, 92–116, insbs. 104–107; Michel Lemoine, „Bernard Silvester (Bernardus Silvestris)", *DGWE* (2005), 169.

[56] Petrarca, Francesco, *Secretum meum* (Mainz: Dieterich'sche, 2004), 9

[57] Abb. aus *Canzoniere* oder *Rerum vulgarium fragmenta,* Petrarca, F. nach 1470

[58] Aus *Secretum (Petrarch's Secret)*, übersetzt von William H. Draper (London Chatto & Windus, 1911). Für eine interessante Diskussion der Beziehung von Petrach zu Laura s. Mariann Sanders Regan, *Love words: the Self and the Text in Medieval and Renaissance poetry* (Ithaca: Cornell University Press, 1982), Kap. 5. Für Olsons Kommentare s. Paul A. Olson, *The journey to Wisdom: self-education in patristic and medieval literature* (Lincoln: University of Nebraska Press, 1995), 242, Anmerkung 7.

[59] *Selected writings of Christine de Pizan* übersetzt von Renate Blumenfeld-Kosinski and Kevin Brownlee (New York: Norton, 1997), 93–94. Für eine Diskussion dieses Textes s. Newman, *God and the Goddesses*, 116–119; Charity Cannon Willard, *Christine de Pizan: her life and works* (New York: Persea Books, 1984), 106–113; Blumenfeld-Kosinski, „Christine de Pizan and the misogynistic tradition", *Romanic Review* 81(3), 1990, 279–292, insbs. 285–287.

[60] Bonnie A. Birk, *Christine de Pizan and Biblical Wisdom: a feminist-theological point of view* (Milwaukee, WI: Marquette University Press, 2005). Eine Diskussion der Weisheit als Gottheit findet sich in Birks *Conclusion*, insbs. 161–163.

[61] Aus *Christine de Pizan, Collected Works.* (British Library, MS Harley, 1407), 4431, fol.?

[62] Seuse, Heinrich, *Stundenbuch der Weisheit: das „Horologium Sapientiae"* (Würzburg: Königshausen & Neumann, 2007), 2. Online: http://books.google.de/books?id=FLk9FVcfal0C&hl=de&source=gbs_navlinks_s (21.04.2013)

[63] Newman, „Henry Suso", 1; Newman, *God and the Goddesses*, 207.

[64] s. Hildegard Elisabeth Keller, *My secret is mine: studies on religion and Eros in the German Middle Ages* (Leuven: Peeters, 2000); Rebecca Stephens, " 'At leisure for love': amorous rhetoric in the Helfta mystics" (n.d.)

[65] Seuse, *Stundenbuch*, 52

[66] Seuse, *Stundenbuch*, 55

[67] Newman, God and the Goddesses, 207.

[68] Seuse, *Stundenbuch*, 60

[69] Für einen Überblick s. Nicolas James Perella, The Kiss, Sacred and Profane: an interpretative history of Kiss symbolism and related religio-erotic themes (Berkeley: University of California Press, 1969). Man sollte darauf hinweisen, dass Perella Boehme, Gichtel und Gottfried Arnold sowie ihre Beziehung zu Sophia nicht erwähnt. S. a. die Diskussion der frühen christlichen Quellen bei Richard A. Horsley, „Spiritual marriage with Sophia", Vigiliae Christianae 33(1), 1979, 30–54.

[70] Holzschnitt von Heinrich Seuse: Quelle: Bibliothèque Nationale et Universitaire de Strasbourg, Inkunabel K. 7

**Anmerkungen**

**Kapitel 2**

[71] Arthur Versluis, Wisdom's Children: a Christian esoteric tradition (Albany, NY: SUNY Press, 1999), insbs. xii-xiv; Versluis, ed., *Wisdom's Book: the Sophia anthology* (St. Paul, Min: Paragon House, 2000), 12–13; Antoine Faivre, „Christian theosophy", *DGWE* (2005), 258–267, zitiert auf S. 264. S. a. Versluis, „Christian theosophic literature" in Roelof van den Broek and Wouler J.Hanegraaff, eds., *Gnosis and hermeticism from antiquity to modern times* (Albany, NY: SUNY Press, 1998), 217–235.

[72] s. Kap. 4.

[73] Bild verwendet mit freundlicher Genehmigung des Antiquariats Hans Weber in 25335 Neuenstein. Online: www.antiquariat-weber.de.

[74] Die neueste Studie von Böhmes Theologie findet sich bei Versluis, *Wisdom's Children*. Zu führen und immer noch nützlichen Untersuchungen gehören die von David Walsh, *Mysticism of innerworldly fulfillment: a study of Jacob Boehme* (Gainesville: University Presses of Florida, 1983); Andrew Weeks, *Boehme: an intellectual biography of the seventeenth century philosopher and mystic* (Albany, NY: SUNY Press, 1991); Schipflinger, Kap. 11; Pierre Deghaye, „Jacob Boehme and his followers". In: Antoine Faivre and Jacob Needleman, eds., *Modern esoteric spirituality* (New York: Crossroad, 1992), 210–247; Albrecht Classen, „Jakob Böhme", *DLB* 164, 1996, 64–73 und Andrew Weeks, „Boehme, Jacob", *DGWE* (2005), 185–192. Für Böhmes Ansichten zum Dauerkrieg in Zentraleuropa, der die Kulisse seiner letzten Lebensjahre bildete, s. Weeks, „Jacob Boehme and the Thirty Years War", *Central European History* 24(3), 1991, 213–221.

[75] Zitiert bei William Q. Judge, „Jacob Boehme and the secret doctrine" *Theosophist* April 1886. Online: http://www.blavatsky.net/theosophy/judge/articles/jacob-boehme-and-sd.htm (21.04.2013).

[76] Jacob Boehme, *The Clavis or „Key" of Jacob Boehme... written in the German language in March and April Anno 1624. Printed in the year 1647*. Online: http://totlogcon.tripod.com/keyjac.html. S. a. Boehme, *Mysterium Magnum, or an exposition of the fifth book of Moses called Genesis. Geschrieben Anno 1623* (London: Lodowick Lloyd, 1656).

[77] Böhmen, Jacob, *Clavis oder der Schlüssel etlicher vornehmen Puncten ...* (Amsterdam: Henrico Betkio, 1662), 16. Online-Angebot der Herzog August Bibliothek Wolfenbüttel http://diglib.hab.de/wdb.php?distype=struc-img&dir=drucke%2Fxb-9-1 (21.04.2013).

[78] Boehme, *The Clavis*. Eine ähnliche Diskussion findet sich in *Aurora*, XI.1 (London: Giles Calvert, 1656, 200).

[79] Böhmen, *Clavis*, 28

[80] B. J. Gibbons, *Gender in mystical and occult thought: Behmenism and its development in England* (Cambridge: Cambridge University Press, 1996), 5,69. S. a. Deghaye, 211; and „Jakob Boehme", *Encyclopaedia Britannica*, 9th ed., vol.3 (1878), Online: http://www.ccel.org/b/boehme/boehme.html. Für eine Beschreibung des Sefirot s. Arthur Greens Einleitung zur Pritzker Ausgabe des *Zohar* (Stanford: Stanford University Press, 2004), vol.1.

[81] 8 Gibbons, 5.

**Anmerkungen**

[82] s. Jonathan Bain, „The cosmos according to Phillipus Aureolis Theophrastus Bombastus von Hohenheim (Paracelsus) (1490–1541)". Online: http://ls.poly.edu/~jbain/mms/handouts/mmspara.htm (21.04.2013). Heinrich Schipperges, „Paracelsus and his followers", in Antoine Faivre and Jacob Needleman, eds., *Modern esoteric spirituality* (New York: Crossroad, 1992), 154–185; Carlos Gilly, „'Theophrastia Sancta': Paracelsianism as a religion in conflict with the established churches" (2003); Udo Benzenhofer and Urs Leo Gantenbein, „Paracelsus", *DGWE* (2005), 922–931.

[83] Zitiert bei Jean-Marc Mandioso, *Dans le chaudron du negatif* (Paris, 2003), 107, and translated into English for the present writer by Dominique Abelard.

[84] Hohenheim, Theoprast von, *Sämtliche Werke – 1. Abteilung, Medizinische, naturwissenschaftliche und philosophische Schriften* (München/Berlin: Oldenbourg 1931), 13: 390. Online: http://www.digibib.tu-bs.de/?docid=00000701 (21.04.2013).

[85] Für Böhmes Anwendung der mütterlichen Symbolik s. Gibbons, 92–94, Zitat auf S. 92.

[86] Böhme, Jacob, *Sämtliche Schriften* (Stuttgart: Frommanns, 1957), 4:133, Online http://books.google.de/books?id=osVDAAAAIAAJ (21.04.2013).

[87] *Christosophia*, I.26, aus Versluis, *Wisdom's Children*, 254.

[88] Böhme, Jacob, *Der Weg zu Christo* (Amsterdam: Frommans(?), 1715), 16. Online: https://play.google.com/books/reader?id=7zE3AAAAMAAJ&printsec=frontcover&output=reader&authuser=0&hl=de&pg=GBS.PA17 (21.04.2013).

[89] *Christosophia*, I.47, aus Schipflinger, 204.

[90] Böhme, Jacob: *Der Weg zu Christo*, 37

[91] *Christosophia*, I.50, aus Schipflinger, 204.

[92] *Christosophia*, I.51, aus Schipflinger, 204.

[93] Böhme, Jacob, *Der Weg zu Christo*, 40

[94] Augustin Baker, *Sancta Sophia* (Doway, 1657). Text einer späteren Version von *Holy Wisdom* als Bearbeitung der 1657er Doway Edition von Dom Norbert Sweeney (London: Burns, Gates and Washbourne, 1876) ist online verfügbar unter: http://www.ccel.org/b/baker/holy_wisdom/home.html. Für biografische Einzelheiten s. Versluis, *Wisdom's Children*, 5; Ronny Baier, „Baker, David Augustine", *Biographisch-Bibliographisches Kirchenlexikon*, 21 (2003). Friar Athanasius Allanson, "Life of Augustin Baker" in Allanson, *Biography of the English Benedictines* (1858).

[95] Matthew Fowler, *E'Anothen Sophia, or, the properties of Heavenly Wisdom* (London: Benjamin Tooke, 1682).

[96] Versluis, *Wisdom's Book*, S. 38 [Quellennachweis nachträglich nach Angaben des Autors ergänzt, 22.04.2013]

[97] Der Anfang der *Aurora Sapientiae* findet sich in Versluis, ed., *Wisdom's Book*, 34–42. In einer modernen Ausgabe und editiert von Versluis wurde der vollständige Text als *The Dawn of Wisdom* (St. Paul, MN, New Grail Publishing, 2005) veröffentlicht. Auf die Zuordnung der *Aurora Sapientiae* in einem auf 1697 datierten Manuskriptverzeichnis zu John

## Anmerkungen

Dee (1527–1608) durch Lhuyd, einem Autor des späten 17. Jhd. wird kommentarlos von einem neueren Biografen Dees hingewiesen,

vergl. http://www.johndee.org/calder/html/Notes2.html (21.04.2013). Es gibt eine spätere undatierte Arbeit, *Jehior, Aurora Sapientiae, or the morning light of Wisdom* in *The Philosophical Epitaph of W. C. Esquire* (London: William Cooper, 1673), die einige Verbindungen zum früheren Werk aufweisen kann.

[98] Manfred Brod, „A radical network in the English revolution: John Pordage and his circle, 1646–1654", *English Historical Review* 99(484), 2004, 1230–1253, insbs. 1231.

[99] Text in Versluis, *Wisdom's Book*, 67–76. Catherine F. Smith geht ohne augenscheinliche Beweise davon aus, dass es sich hier um einen Brief an Jane Lead handelt, vergl. Smith, „Jane Lead's Wisdom: Women And Prophecy In Seventeenth-Century England". In: Jan Wojcik and Raymond-Jean Frontain, eds., *Poetic Prophecy In Western Literature* (Cranbury, NJ: Associated University Presses, 1984), 55–63. Es gibt jedoch andere Kandidatinnen in Pordages Umfeld; tatsächlich könnte es sogar ein allgemeiner Brief an alle Mystikerinnen seines Kreises sein. Klugerweise vermeidet Versluis jede Zuordnung.

[100] Pordage, *Innocencie appearing through the dark mists of Pretended Guilt* (London: Giles Calvert, 1655).

[101] Umfangreiche Teile der *Theologia Mystica* und von *A Treatise of Eternal Nature* wurden neu gedruckt als *The wisdom of John Pordage*, editiert und vorgestellt von Arthur Versluis (St. Paul, Mn: New Grail Publishing, 2003). Auszüge aus *Sophia* kann man finden in Versluis, ed., *Wisdom's Book*, 76–106. Einzelheiten zu den deutschen Veröffentlichungen von *The wisdom of John Pordage*, 25. Vor einigen Jahren wurde eine Neubewertung von John Pordage vorgenommen. Für eine biographische Übersicht s. Ariel Hessayon, „Pordage, John", *Oxford DNB* 44, 2004, 909–913. Für seine Theosophie s. Versluis, *Wisdom's Children*, Kap. 3; Versluis, „The mystery of creation according to Pordage", *Studies in Spirituality* 12, 2000, 147–155; Versluis, „Pordage, John", DGWE (2005), 966–970. Für Pordage als radikalen Aktivisten s. Brod, „A radical network". Für Pordage als Alchimisten s. Matthew D.Rogers, „The angelical stone of Elias Ashmole", *Aries* 5(1), 2005, 61–90, insb. 78–82. Zu den früheren Studien gehören Nigel Smith, *Perfection proclaimed: language and literature in English radical religion, 1640–1660* (Oxford: Clarendon Press, 1989), Kap. 5; B. J. Gibbons, *Gender in mystical and occult thought*, insbs.106–113.

[102] Pordage, *Theologia mystica*, nicht pagniert (am Ende der ersten Sektion).

[103] Pordage, John, *Theologia mystica* ... (Amsterdam: Heinrich Wettstein, 1968), 15. Online: http://www.google.de/books?id=KEg9AAAAcAAJ&hl=de (21.04.2013).

[104] Pordage, *A treatise of Eternal Nature with her seven essential forms, or original working properties* (1681), wie gedruckt in *Theologia mystica*, [second section], 147.

[105] Pordage, John, *Theologia mystica* 160f.

[106] Richard Roach notiert dies in seinem Manuskript über die Philadelphian Society, vergl. Gibbons, 108.

[107] Gibbons, 108.

[108] Pordage, *Innocencie appearing*, 17; Gibbons, 108,114.

[109] Pordage, *Innocencie appearing*, 16; Gibbons, 107.

**Anmerkungen**

[110] Gibbons, 107.

[111] Tagebucheintrag für den 26. Mai 1684 wie zitiert in Sylvia Bowerbank, „Bathurst, Ann" *Oxford DNB* 4, 2004, 346–347, Zitat auf S. 346. Das Tagebuchmanuskript *Rhapsodical meditations and visions by Mrs.Ann Bathurst* umfasst den Zeitraum von März 1679 bis October 1696 und befindet sich in der Bodlean Library, University of Oxford. Auszüge wurden veröffentlicht in Versluis, ed., *Wisdom's book*, 149–170; Suzanne Trill [et al], eds., *Lay by your needles ladies, take the pen: writing women in England, 1500–1700* (London: Arnold, 1997), 271–274; Patricia M. Crawford and Laura Gowing, eds., *Women's worlds in seventeenth-century England: a sourcebook* (London: Routledge, 2000), 44–48. S. a. Gibbons, 107,113–114.

[112] Für eine Biographie und Lehren s. Versluis, *Wisdom's Children*, Kap. 4; Schipflinger, 219–223; Catherine F.Smith, „Jane Lead: mysticism and the Woman Cloathed with the Sun", In: Sandra M. Gilbert and Susan Gubar, eds., *Shakespeare's sisters: feminist essays on women poets* (Bloomington: Indiana University Press, 1979), 3–18; Smith, „Jane Lead: the feminist mind and art of a seventeenth-century Protestant mystic" in Rosemary Ruether and Eleanor McLaughlin, eds., *Women of spirit: female leadership in the Jewish and Christian traditions* (New York: Simon and Schuster, 1979), 183–203; Smith, „Jane Lead's Wisdom"; Gibbons, Kap. 7; Julie Hirst, „The Divine Ark: Jane Lead's vision of the second Noah's Ark", *Esoterica* 6, 2004; Sylvia Bowerbank, „Lead, Jane", *Oxford DNB* 32, 2004, 959–961; Theresa D. Kemp, "'Here must a beheading go before': the antirational androgynist theosophy of Jane Lead's Revelations of Revelations", *Clio* 34(3), 2005, 251–275; Versluis, „Lead(e), Jane", *DGWE* (2005), 683–685. S. a. die neue wichtige Studie von Julie Hirst, „Dreaming of a New Jerusalem: Jane Lead's Visions of Wisdom", *Feminist Theology* 14(3), 2006, 349–365. Hirst untersucht Jane Leads "Entwicklung einer weiblichen wirkenden Kraft des Geistes, die sie Sophia nannte" unter besonderer Berücksichtigung von Leads Vision der Zukunft und ihrer Wahrnehmung der Sophia als eine Vision des Neuen Jerusalems. Von diesem Artikel erfuhr ich allerdings erst, nachdem ich [d. h. in diesem Fall J. Noyce] dieses Buch geschrieben hatte.

[113] s. Donald F. Durnbaugh, „Jane Ward Leade (1624–1704) and the Philadelphians" in Carter Lindberg, ed., *The pietist theologians* (Oxford: Blackwell Publishing, 2005), 128–146; Paula McDowell, „Enlightenment enthusiasms and the spectacular failure of the Philadelphian Society", *Eighteenth-Century Studies* 35(4), 2002, 515–533; D. P.Walker, *Decline of hell: seventeenth century discussion of eternal torment* (London: Routledge Kegan Paul, 1964), Kap. 13.

[114] Lead, Jane, *Ein Garten=Brunn gewässert durch die Ströhme der Göttlichen Lustbarkeit* (Amsterdam: Heinrich Wetstein, 1697), 14. Online: https://play.google.com/books/reader?id=GedYAAAAYAAJ&printsec=frontcover&output=reader&authuser=0&hl=de&pg=GBS.PA14 (21.04.2013)

[115] Lead, Jane, *Ein Garten=Brunn*, 15.

[116] Text aus *Fountain of Gardens*, Bd. 1 (1696). Online: http://www.passtheword.org/Jane-Lead/fount-of-gardens-vol1a.htm (21.04.2013)

[117] Lead, Jane, *Ein Garten=Brunn*, 14.

[118] Das Bild stammt aus einer Online-Reproduktion des Originaldrucks. Online: http://www.passtheword.org/jane-lead/fount-of-gardens-vol1.htm (29.04.2013).

# Anmerkungen

[119] s. z. B. Letters XXX and XXXVIII in *Theosophic correspondence between Louis Claude de Saint-Martin and Kirchberger, Baron de Liebistorf*, hrsg. von Edward Burton Penny (Exeter: William Roberts, 1863; Pasadena, CA: Theosophical University Press, 1949).

[120] s. Peter C. Erb, „Gottfried Arnold" in Carter Lindberg, ed., *The Pietist theologians* (Oxford: Blackwell, 2005); Schipflinger, Kap. 12; Pierre Deghaye, „Arnold, Gottfried", DGWE (2005), 103–105.

[121] *Das Geheimnis der Goettlichen Sophia* (Leipzig, 1700). Auszüge in der englischen Übersetzung bei Versluis, ed., *Wisdom's Book*, 108–128; Peter C. Erb, ed., *Pietists: selected writings* (New York: Paulist Press, 1983), 219–226.

[122] Arnold, Gottfried, *Das Geheimniß der Göttlichen Sophia oder Weißheit, Beschrieben und Besungen* (Leipzig: Ben Thomas Fritsch, 1700), 110, Online: http://www.google.de/books?id=AOI8AAAAcAAJ&hl=de (21.04.2013).

[123] Arnold, Gottfried, *Das Geheimniß ...*, 293f.

[124] *Das Geheimnis der Goettlichen Sophia*, II, 293 wie übersetzt von Schipflinger, 211–212.

[125] Arnold, Gottfried, *Das Geheimniß ...*, 294.

[126] *The flowing light of the Godhead* [by] Mechthild of Magdeburg, übersetzt und vorgestellt von Frank Tobin (New York: Paulist Press, 1998). S. a. Ulrike Wiethaus, *Ecstatic transformation: transpersonal psychology in the work of Mechthild of Magdeburg* (Syracuse, NY: Syracuse University Press, 1996); Thomas Benjamin DeMayo, „Mechthild of Magdeburg's mystical eschatology", *Journal of Medieval History* 25(2), 1999, 87–95; Sara S. Poor, *Mechthild of Magdeburg and her book: gender and the making of textual authority* (Philadelphia: University of Pennsylvania Press, 2004).

[127] Gibbons, 114.

[128] *Das Geheimnis der Goettlichen Sophia*, II, 45 wie übersetzt von Schipflinger, 213.

[129] Arnold, Gottfried, *Das Geheimniß ...*, 44f.

[130] Für Gichtels Leben und Lehren s. Versluis, *Wisdom's Children*, Kap. 2; Schipflinger, 223–226; Versluis, „Gichtel, Johann Georg", DGWE (2005), 392–395. Auszüge aus Gichtels Briefen finden sich in der englischen Übersetzung in Versluis, *Wisdom's Book*, Kap. 7.

[131] 41–42 Versluis, *Wisdom's Book*, 133, 132.

[132] Gichtel, Johann Georg, *Theosophia Practica* (Leyden: 1722), Zweyter Theil 656. Online über die Digitale Bibliothek der Bayerischen StaatsBibliothek, München, Bd. 2, 65 der pdf-Version.

[133] Gichtel, Johann Georg, *Theosophia Practica*, 317f, Bayerische StaatsBibliothek, München, Bd. 1, 342f der pdf-Version.

[134] 10 July 1697, Versluis, *Wisdom's Book*, 134.

[135] Versluis, *Wisdom's Book*, 136.

[136] Gichtel, Johann Georg, *Theosophia Practica*, 68. Brief, Dritter Theil: 2162f, Bayerische StaatsBibliothek, München, Bd. 3, 299f der pdf-Version.

## Anmerkungen

[137] „The wonderful and holy life of the chosen champion and blessed man of God, Johann Georg Gichtel" (n. d.), Auszug in Versluis, *Wisdom's Book*, 138.

[138] Auszüge in Versluis, *Wisdom's Book*, 175–182. Für weitere Auszüge aus Saint-Martins Schriften über Sophia s. Schipflinger, 227–231. S. a. *Theosophic correspondence between Louis Claude de Saint-Martin and Kirchberger, Baron de Liebistorf*, hrsg. von Edward Burton Penny (Exeter: William Roberts, 1863; Pasadena, CA: Theosophical University Press, 1949); Arthur McCalla, „Saint-Martin, Louis-Claude de", *DGWE* (2005), 1024–1031; Antoine Faivre, „Kirchberger, Niklaus Anton, Baron von Liebisdorf", *DGWE* (2005), 665–6.

[139] Versluis, *Wisdom's Book*, Kap. 10 und 12. S. a. Reinhard Breymayer, „Oetinger, Friedrich Christoph", *DGWE* (2005), 889–894.

[140] „Die Natur (Essay)". In: Wikipedia, Die freie Enzyklopädie (31.08.2011). Online: http://de.wikipedia.org/w/index.php?title=Die_Natur_(Essay)&oldid=93103995 (23.042013)

[141] Zitiert in Kate Rigby, *Topographies of the Sacred: the poetics of place in European Romanticism* (Charlottesville: University of Virginia Press, 2004), 24, 195. S. a. Antoine Faivre, „Nature: religious and philosophical speculations", *Encyclopedia of Religion* (Detroit: Macmillan Reference USA, 2nd ed., 2005), 6431–6437; Faivre, „Naturphilosophie", *DGWE* (2005), 822–826. Für den breiteren Einfluss auf die deutschen romantischen Schriftsteller s. Ernst Benz, *The mystical sources of German romantic philosophy* (1968; englische Übersetzung: Allison Park, Penn: Pickwick Publications, 1983).

[142] Goethe, Johann Wolfgang von, *Gesammelte Werke, Auf dem See*, 20.

[143] Novalis, Heinrich von Ofterdingen (Frankfurt/M., Insel, 1987), Kap. 22. Online: http://gutenberg.spiegel.de/buch/5235/22 (21.04.2013).

[144] aus der englischen Übersetzung, *Henry von Ofterdingen*. Online: http://www.levity.com/alchemy/novalis.html (21.04.2013). S. a. die Übersetzung von Palmer Hilty: *Henry von Ofterdingen: a novel* (New York: Frederick Ungar, 1964), 148. Tovs Kommentar stammt von Walter D. Tov, „The mysticism of Novalis", *Studies in Philology* 15, 1918, 14–22, zitiert auf S. 16. Für den Einfluss von Böhme auf Novalis s. J. M. Saliege, „Novalis et Jacob Boehme: Christus und Sophie" (n. d.) http://jm.saliege.com/novalisboehme.htm. S. a. Wouter J. Hanegraaff and Arthur Versluis, „Novalis", *DGWE* (2005), 869–871.

[145] Englische Übersetzung, *Hyperion and selected poems*. Hrsg. von Eric L. Santner (New York: Continuum, 1990) 23–24.

[146] Hölderlin, Friedrich, *Hyperion* (Frankfurt/M.: Insel, 1979), Kap. 10. Online: http://gutenberg.spiegel.de/buch/264/10 (21.04.2013).

[147] Melanie Ohlenback, „Lilie, Licht und Gottes Weisheit: Philipp Otto Runge und Jacob Böhme", *Aries* 5(2), 2005, 155–199. S. a. die Diskussion mit Beispielen auf www.colorsystem.com (21.04.2013).

[148] Runge, Philipp Otto, „colorystem – Farbsysteme in Kunst und Wissenschaft". Online: http://www.colorsystem.com/?page_id=771 (22.04.2013).

[149] 2. Teil, 5. Akt aus *Faust* (englische Übersetzung: Harmondsworth: Penguin Classics, 1949), 284.

# Anmerkungen

[150] Goethe, Johann Wolfgang von, *Gesammelte Werke, Faust*, 667f.

[151] *Faust*, Zeilen 12104–12111 wie übersetzt von Walter Arndt. In: Cyrus Hamlin, ed., *Faust: a tragedy* (New York: Norton, 2nd ed., 2001), 344.

[152] Goethe, J. W. v., *Gesammelte Werke, Faust*, 669

[153] Cyrus Hamlin, „Tracking the Eternal-Feminine in Goethe's Faust II", *Goethe Yearbook*, Sonderband 1, 1994; auch veröffentlich in Jane K. Brown, ed., *Interpreting Goethe's Faust today* (Columbia: Camden House, 1994), 142–155, Kommentar auf S. 142.

[154] Hans Eichner, „Exploring the Eternal Feminine: an aspect of Goethe's ethics", *Transactions of the Royal Society of Canada* 9, 1971, 235–244, wie publiziert in Hamlin, ed., *Faust: a tragedy* (New York: Norton, 1976), 615–625.

[155] Hamlin, „Tracking", insbs. Kommentare auf S. 142–143 und Anmerkung 7.

[156] Jaroslav Pelikan, *Mary through the centuries* (New Haven: Yale University Press, 1996), 168–175.

[157] Pelikan, 168. Aber man beachte auch allgemein den folgenden Kommentar: „Das moderne deutsche Konzept der Frau als dem Ewig-Weiblichen kann bis in das 18. und frühe 19. Jahrhundert und der schrittweisen Entwicklung eines bürgerlichen Wertesystems zurückverfolgt werden, das Mittelklasse-Männern die Macht im privaten Bereich einräumte, die es ihnen in der feudalen Hierachie versagte." (Susan L. Cocalis and Kay Goodman, eds., *Beyond the Eternal Feminine: critical essays on woman and German literature* (Stuttgart: Akademischer Verlag Hans-Dieter Heinz, 1982), 2). Für eine interessante Diskussion von Goethes Beziehung zur esoterischen Traditon s. Christine Maillard, „Goethe, Johann Wolfgang von", *DGWE* (2005), 432–434.

[158] Schipflinger, 231–235; Versluis, *Wisdom's Book*, Kap. 13.

[159] 60–62 Versluis, *Wisdom's Book*, 200–201, 197, 195.

[160] Wirz, J. J., *Zeugnisse und Eröffnungen des Geistes* (Walzbachtal: Christlicher Schriftenversand, 2010), 1:322f.

[161] Wirz, J. J., *Zeugnisse und Eröffnungen des Geistes*, 1:410.

**Kapitel 3**

[162] s. Brenda Meehan, „Wisdom/Sophia, Russian identity, and Western feminist theology", *Cross Currents,* 46(2), 1996, 149–168. Allgemeiner auch Oleg A. Donskikh, „Cultural roots of Russian Sophiology", *Sophia* 34(2), 1995, 38–57.

[163] Die Typologie von Meehan fast die Werke verschiedener Kunsthistoriker zusammen. Für weitere Einzelheiten s. John Meyendorff, „Wisdom – Sophia: contrasting approaches to a complex theme", *Dumbarton Oaks Papers* 41, 1987, 391–401; Donald M. Fiene, „What is the appearance of Divine Sophia?", *Slavic Review* 48(3), 1989, 449–476; Petr Balcarek, „The image of Sophia in medieval Russian iconography and its sources", *Byzantinoslavica* 60, 1999, 593–610; Schipflinger, Kap. 16.

[164] s. letzter Teil von Kap. 1 oben.

[165] Balcarek, 605.

**Anmerkungen**

[166] „Moskowien". In: Wikipedia, Die freie Enzyklopädie. (28. 03.2013). Online: http://de.wikipedia.org/w/index.php?title=Moskowien&oldid=116073506 (23.04. 2013)

[167] Meyendorff, 400.

[168] Meyendorff, 400. s. Online: http://www.anastasis.org.uk/menaion.htm (21.04.2013).

[169] Zdenek V. David, „The influence of Jacob Boehme on Russian religious thought", *Slavic Review* 21(1), 1962, 43–64, insbs. 46–49. Für einen Überblick der russischen Theologie im 17. und 18. Jhd. s. Georges Florovsky, *Ways of Russian theology* (1937; englische Übersetzung: Belmont, Mass: Nordland, 1979), Teil 1, Kap. 4: „The St. Petersburg revolution".

[170] Taras Zakydalsky, „Skovoroda's moral philosophy", in Richard H.Marshall, jr, and Thomas E. Bird, eds., *Hryhorij Skovoroda: an anthology of critical articles* (Edmonton: Canadian Institute of Ukranian Studies, 1994), 239–250, Zitat auf S. 245.

[171] Natalia Pylypiuk, „The face of Wisdom in the prose of Skovoroda". Das Papier wurde der Canadian Association of Slavists Annual Conference, Toronto, im Mai 2002 vorgelegt [als Abstract]. S. a. Pylypiuk, „Hryhorij Skovoroda on the gender of Wisdom", Das Papier wurde 2001 [als Abstract] dem American Association of Teachers of Slavic and East European Languages Annual Meeting, New Orleans, vorgelegt.

[172] Für Skovorodas Manuskriptübersetzungen s. David, 49. Für Skovoroda allgemein s. Marshall and Bird; ebenso Taras Zakydalsky, *The theory of man in the philosophy of Skovoroda* (MA thesis, Bryn Mawr College, 1965), 77; Natalia Pylypiuk, „The Primary Door: at the threshold of Skovoroda's theology and poetics", *Harvard Ukrainian Studies*, 14(3–4), 1990, 551–583; and Michael M. Naydon, ed., „Special issue on Hryhorii Skovoroda", *Journal of Ukranian Studies* 22(1–2), 1997.

[173] David, 49–52.

[174] David, 55–57.

[175] David, 57–58.

[176] Es gibt sehr viel Literatur über Soloviev, dazu s. Kristi Groberg, „Vladimir Sergeevich Soloviev: a bibliography", *Modern Greek Studies Yearbook* 14–15, 1998, 299–398. Nützliche Einführungen in Solovievs Philosophie und Weltsicht geben u. a. Jonathan Sutton, *The religious philosophy of Vladimir Solovyov: towards a reassessment* (Basingstoke: Macmillan, 1988); Dimitrii N. Stremoouknoff, *Vladimir Soloviev and his messianic work* (Paris, 1935; English translation: Belmont, MA: Nordland, 1980); Nicholas Zernov, *Three Russian prophets* (London: SCM Press, 1944); Judith Deutsch Kornblatt, „Vladimir Sergeevich Solovyov", *DLB* 295, 2004, 377–386.

[177] Englische Übersetzung von Ralph Koprince in Carl Proffer and Ellendea Proffer, eds., *The Silver Age of Russian culture: an anthology* (Ann Arbor: Aldis, 5th ed., 1975), 127–134. Für eine Diskussion dieser Visionen, die diese Übersetzung verwendet, s. Kristi A. Groberg, „The Eternal Feminine: Vladimir Solov'ev's visions of Sophia", *Alexandria 1* (Grand Rapids, MI: Phanes Press, 1991), 76–95.

[178] Soloviev, Übersetzung, Koprince, 128.

[179] Maria Carlson, „Gnostic elements in the cosmogony of Vladimir Soloviev" in Judith Deutsch Kornblatt and Richard F.Gustafson, eds., *Russian religious thought* (Madison:

## Anmerkungen

University of Wisconsin Press, 1996), 49–67. Für gnostische Einflüsse insgesamt s. Vyacheslav V. Ivanov, „Russia and gnosis". In: *500 years of gnosis in Europe* (Amsterdam: Inde Pelekaan, 1993), 44–53.

[180] Groberg, „The Eternal Feminine", 79–80; Judith Deutsch Kornblatt, „Solov'ev's androgynous Sophia and the Jewish Kabbalah", *Slavic Review* 50(3), 1991, 487–496; Kornblatt, „Russian religious thought and the Jewish Kabbala" in Bernice Glatzer Rosenthal, ed., *The occult in Russian and Soviet culture* (Ithaca: Cornell University Press, 1997), 75–95.

[181] Soloviev, Übers., Koprince, 130.

[182] Soloviev, Übers., Koprince, 132.

[183] Auszüge aus diesen Vorlesungen kann man auf englisch finden bei George Gibian, ed., *The portable nineteenth century Russian reader* (Harmondsworth: Penguin, 1993), 630–63.

[184] Soloviev, „A modest prophecy" (1892), zitiert von Pamela Davidson, „Vladimir Solov'ev and the ideal of prophecy", *Slavonic and East European Review* 78(4), 2000, 643–670, Zitat auf S. 643. Auch der Autor Fyodor Dostoevsky sah sich selbst als Propheten, vergl. P. Travis Kroeker and Bruce K. Ward, *Remembering the end: Dostoevsky as prophet to modernity* (Boulder: Westview Press, 2001); Marina Kostalevsky, *Dostoevsky and Soloviev: the art of integral vision* (New Haven: Yale University Press, 1997).

[185] Aus dem Gedicht „Das Ewig-Weibliche" (1898) wie zitiert bei Samuel D. Cioran, *Vladimir Solov'ev and the Knighthood of the Divine Sophia* (Waterloo, Ontario, Canada: Wilfred Laurier University Press, 1977), 63.

[186] Dieser gut bekannte Ausdruck stammt aus der *Offenbarung* des Neuen Testaments der Christlichen Bibel.

[187] Dieser Ausdruck stammt aus Susan Larsens Abstract ihrer Veröffentlichung von 1998 „The beautiful lady rebels: sexuality, subjectivity, and the woman artist in Fin-de-Siecle Russia." Präsentiert wurde sie im gleichen Jahr der American Association of Teachers of Slavic and East European Languages Annual Meeting.
Online: http://aatseel.org/program/aatseel/1998/abstracts/Susan_Larsen.html (21.04.2013).

[188] Mendeleeva, zitiert von Larsen. S. a. David Borgmeyer, „Echoes of Wisdom: Solov'ev's Sofija in Symbolist worlds of art, literature and life." [Das Abstract der] Veröffentlichung wurde 2020 der American Association of Teachers of Slavic and East European Languages Annual Meeting präsentiert.

[189] Kristi Groberg, „The feminine occult Sophia and the Russian religious renaissance: a bibliographical essay", *Canadian-American Slavic Studies* 26, 1992, 197–239, Einzelheiten auf 212–213.

[190] Groberg, „The feminine occult Sophia", 215–216.

[191] Beide Verse aus Cioran, 141.

[192] Groberg, „The feminine occult Sophia", 219–220.

[193] Irene Masing-Delic, „Aleksandr Aleksandrovich Blok". In: Judith E. Kalb and J. Alexander Ogden, eds., *Russian writers of the Silver Age, 1890–1925*, *DLB* 295, 2004, 81–102,

## Anmerkungen

Kommentar auf 86. Für eine Biographie von Blok s. Kornei Chukovsky, *Alexander Blok as man and poet* (englische Übersetzung: Ann Arbor, MI: Ardis, 1982).

[194] Groberg, „The feminine occult Sophia", 217.

[195] Cioran, 170.

[196] Groberg, „The feminine occult Sophia", 220. S. a. John E.Bowlt, „Russian Symbolism and the „Blue Rose" Movement", *Slavonic and East European Review*, 51(123), 1973, 161–181, insbs. 177.

[197] Widmung zum Fresko der Weltmutter, Church of Princess Tenisheff's Estate. Englische Übersetzung bei Roerich, *Realm of Light* [Bd. 6 der amerikanischen Ausgabe seiner Arbeiten*].
Online: http://www.roerich.org/roerich-writings-realm-of-light.php (21.06.2013). [Mit dem Fresko der Weltmutter ist in diesem Fall das der "Königin des Himmels" (s. Abb. 17 und die folgende Endnote) gemeint. Es gibt noch eine weitere Skizze von N. Roerich, die den Titel "Матерь Мира, Mutter der Welt" (1924) trägt. Die zitierte Widmung bezieht sich allerdings nicht auf dieses Bild, das auch nicht als Fresko existiert, sondern auf das Fresko in der u. g. Heilig-Geist-Kirche in Talashkino.]

[198] Groberg, „The feminine occult Sophia", 224.

[199] Groberg, „The feminine occult Sophia", 224–225.

[200] Groberg, „The feminine occult Sophia", 225–228. S. a. Boris Bobrinsky, „The Church and the Holy Spirit in 20th century Russia", *The Ecumenical Review* July 2000, 326–342.

[201] Nicholas Roerich, "Queen of Heaven", Tempera, gouache, pencil on paper mounted on cardboard, 47 x 31 cm (u. a. Atlanta: Oglethorpe University Museum of Art, 1931). Online: http://museum.oglethorpe.edu/Roerich2004/QueenOfHeavenPage.htm (18.06.2013). Für ein Bild des 1914 fertig gestellten Originalfreskos in der Heilig-Geist-Kirche in Talashkino, einem Künstlerdorf ca. 415 km westsüdwestlich von Moskau, s. http://www.wikipaintings.org/en/nicholas-roerich/queen-of-heaven-over-river-of-life-1914 (18.06.2013).

[202] Für eine Diskussion von Soloviev und Bulgakov s. Mehan. S. a. Groberg, „The feminine occult Sophia", 228–234; Mikhail Sergeev, „Divine wisdom and the trinity: a 20$^{th}$ century controversy in Orthodox theology" *Religion in Eastern Europe* 20(4), 2000. Bulgakovs *Sophia: the wisdom of God: an outline of Sophiology* (1935) wurde auch auf Englisch veröffentlicht (1937; Nachdruck: New York: Lindisfarne Books, 1993).

[203] s. Mikhail Sergeev, „Orthodoxy and democracy: Sophiological themes in the philosophy of Nikolai Losski", *Religion in Eastern Europe* 21(2), 2001.

[204] s. Nicholas Lossky, „Theology and spirituality in the work of Vladimir Lossky", *The Ecumenical Review* 51(3), July 1999, 288–293.

[205] Donald A. Lowrie, *Rebellious prophet: a life of Nicolai Berdyaev* (London: Gollancz, 1960), 196. S. a. Groberg, „The feminine occult Sophia", 234–236; Mikhail Sergeev, „Sophiological themes in the philosophy of Nikolai Berdiaev" *Transactions of the Association of Russian-American Scholars in the U.S.A.* v.30, 1998, 59–72. Eine englische Übersetzung von Berdyaev, „The teaching about Sophia and the Androgyne. J. Boehme and the Russian Sophiological current" (*Journal Pit*" April 1930) findet sich Online: http://www.berdyaev.com/berdiaev/ber_lib/1930_351.html

# Anmerkungen

[206] Nicholas Berdyaev, *The End of our Time* (1919–1923; englische Übersetzung: London: Sheed and Ward, 1933), 118.

[207] s. Andriy Chirovsky, *Pray for God's wisdom: the mystical sophiology of Metropolitan Andrey Sheptytsky* (Chicago: Metropolitan Andrey Sheptytsky Institute of Eastern Christian Studies, 1992). Dieses Buch habe ich nicht gesehen. Für eine Kurzbiographie s. Online: http://www.sheps.ca/Introduction/sheps.html (21.04.2013). Für eine Bewertung von Sheptytskys heiklem Balanceakt als Vorsitzender der ukrainischen Katholischen Kirche während der fortschreitenden Besatzungsmächte s. Andrii Krawchuk, *Christian social ethics in Ukraine: the legacy of Andrei Sheptytsky* (Edmonton: Canadian Institute of Ukrainian Studies Press, 1997).

## Kapitel 4

[208] Jerusalem. Darstellung aus *Milton a Poem*, copy C, object 49 (Bentley 45, Erdman 43 [50], Keynes 45). Die Tafelnummer 46 gehört zur Kopie der New York Public Library. Online: http://www.blakearchive.org/exist/blake/archive/object.xq?objectid=milton.c.illbk.49&java=no (01.05.2013)

[209] "The lasting contribution of Barmby is merely etymological in the history of socialist vocabulary; his practical contributions to social ideas and communitarianism were neglible." – R. G. Garnett, *Co-operation and the Owenite socialist communities in Britain, 1825–45* (Manchester: Manchester University Press, 1972), 38, Anmerkung 79.

[210] Seit einigen Jahre findet eine Neubewertung von Blakes Einflüssen statt, die einige der ehemals getrennten Studien einbezieht; s. z. B. die kürzliche Neuinterpretation von Blakes Gebrauch (und Missbrauch) von mythologischen Quellen von David Weir, *Brahma in the West: William Blake and the oriental renaissance* (Albany, NY: SUNY Press, 2003). Bedauerlicherweise hat Weir zusammen mit diesen mythologischen Quellen nicht die jüdischen und christlichen kabbalistischen Einflüsse in sein Buch aufgenommen (wie so gekonnt von Frau Professor Sheila A. Spector untersucht, s. Endote 200). Diese Integration bleibt einer zukünftigen Studie überlassen.

[211] Für einen Überblick s. Peter Nathan, „Jerusalem – center of the Earth? *Vision: journal for a new world* 2004. Ein zweiteiliger Artikel findet sich Online: http://www.vision.org (21.04.2013). S. a. Helen Rosenau, *Vision of the temple: the image of the temple of Jerusalem in Judaism and Christianity* (London: Oresko Books, 1979).

[212] s. King Long She, *The development of the Johannine concept of the New Jerusalem* (Master of Theology thesis, Dallas Theological Seminary, 2000). Die frühen Seiten von Kap. 1 finden sich Online: http://www.tren.com (21.04.2013). S. a. Anthony Robert Gwyther, *New Jerusalem versus Babylon* (PhD thesis, School of Theology, Griffith University, 1999).

Online: http://www4.gu.edu.au:8080/adt-root/public/adt-QGU20030226.092450/.

[213] E. P. Thompson, *Witness against the beast: William Blake and the moral law* (Cambridge: CUP, 1993), Kap. 8; Robert Rix, „William Blake and the radical Swedenborgians" *Esoterica* 5, 2003. Online: http://www.esoteric.msu.edu/VolumeV/Blake.htm (21.04.2013); Morton D. Paley, "'A new heaven is begun' William Blake and Swedenborgianism", *Blake: an illustrated quarterly* 50, 1979, 64–90; Clarke Garrett, „Swedenborg and the mystical

## Anmerkungen

enlightenment in late eighteenth-century England, *Journal of the History of Ideas* 45(1), 1984, 67–81. Eine englische Übersetzung aus dem Lateinischen von Swedenborgs *New Jerusalem and its philosophy from heaven* (London, 1758) erscheint in *Studia Swedenborgiana* angefangen mit 6(2), 1987.

Online: http://www.baysidechurch.org (21.04.2013). Für Blakes Verwicklung in die radikale Kultur s. E. P.Thompson, *Witness*; Jon Mee, *Dangerous enthusiasm: William Blake and the culture of radicalism in the 1790s* (Oxford: OUP, 1992); Saree Makdisi, *William Blake and the impossible history of the 1790s* (Chicago: University of Chicago Press, 2003).

[214] Für Blake in Lambeth s. Stephen C. Behrendt, *Reading William Blake* (Basingstoke: Macmillan, 1992), Kap. 5: „Lambeth Prophecies II"; Michael Phillips, „William Blake in Lambeth" *History Today* 50(11), 2000, 18–25; Paul Miner, „Blake's London: times and space" *Studies in Romanticism* 41(2), 2002, 299–316. Für Blakes Jerusalem als Stadt s. Morton Paley, *The continuing city: William Blake's Jerusalem* (Oxford: Clarendon Press, 1983), insbs. Kap. 3; Stuart Curran, „The structures of Jerusalem" in *Blake's sublime allegory: essays on The Four Zoas, Milton, Jerusalem*. Hrsg. von Stuart Curran, et al (Madison: University of Wisconsin Press, 1973), 329–346. Für Blakes Jerusalem als Frau s. Eugenie R. Freed, *"A portion of his life": William Blake's Miltonic vision of woman* (Lewisburg: Bucknell University Press, 1994), Kap. 7: „The Woman Jerusalem"; Paley, *The continuing city*, 179–184.

[215] Dies kann wohl kabbalistischen Ursprungs sein, da es direkt von einem Ost-Londoner Kabbalisten oder wahrscheinlicher indirekt von christlichen Mystikern wie Böhme stammt. S. Sheila A. Spector, *"Wonders Divine": the development of Blake's Kabbalistic myth* (Lewisburg: Bucknell Press, 2001) und ihre früheren „Kabbalistic sources – Blake's and his critics'", *Blake: an illustrated quarterly* 17(3), 1983–84, 84–99; Harold Fisch, *Jerusalem and Albion: the Hebrew factor in seventeenth literature* (London: Routledge Kegan Paul, 1964), Kap. 1, insbs. 12, Fußnote 1. Für Böhmes Einfluss auf Blake s. John Adlard, „A triumphing joyfulness": Blake, Boehme and the tradition", *Blake Studies* 1(2), 1969, 109–122.

[216] zitiert von Freed, 107.

[217] Freed, 118 (Stich 46 von Kopie A des British Museum).

[218] *Jerusalem*, Kap. 4, Stich 97, Zeilen 1–4, wie in *The complete poetry and prose of William Blake*. Hrsg. von David V. Erdman (Berkeley: University of California Press, 1982), 256.

[219] Für Goodwyn Barmbys Versuche im Gemeindeleben s. W. H. G. Armytage, *Heavens below: utopian experiments in England 1560–1960* (London: Routledge and Kegan Paul, 1961), Kap. 3; Dennis Hardy, *Alternative communities in nineteenth century England* (London: Longman, 1979), Kap. 2, insbs. 32–35, 63–64. Für die Kommunistische Kirche sowie Goodwyn und Catherine Barmbys radikale Aktivitäten im London der 1840er Jahre s. Barbara Taylor, *Eve and the New Jerusalem: socialism and feminism in the nineteenth century* (London: Virago Press, 1983), 172–182; *Oxford DNB* 3, 946–8.

[220] Taylor, 156–157.

[221] Taylor, 177.

## Anmerkungen

[222] Catherine Barmby, „The demand for the emancipation of woman, politically and socially", *New Tracts for the Times* 1(3), 1843. Nachdruck in Taylor, 386–393; Online: http://www.binghamton.edu/womhist/awrm/doc9.htm (21.04.2013)

[223] Mrs. Jameson, *Legends of the Madonna as represented in the fine arts* (London: Longman, Brown, Green and Longman, 1852), xix-xx. Für weitere Diskussionen von Anna Jameson s. Kimberley van Eswald Adams, *Our lady of Victorian feminism: the Madonna in the work of Anna Jameson, Margaret Fuller, and George Eliot* (Athens, Ohio: Ohio University Press, 2001), Kap. 2–5; *Oxford DNB* 29, 752–754.

[224] Frances Power Cobbe, „Social science congresses and women's part in them", *Macmillan's Magazine*, December 1861, 81–94, zitiert auf 91–92. Für weitere Besprechungen von Cobbe s. *Oxford DNB* 12, 270–272.

[225] Eileen Janes Yeo, „Protestant feminists and catholic saints in Victorian Britain", in ihrer *Radical femininity* (Manchester: Manchester University Press, 1998), 128–129.

[226] Kimberly van Eswald Adams hat festgestellt, dass „Fuller den Gott der Christenheit "depersonalisiert" aber nicht "repersonalisiert": sie ersetzt Gott den Vater keinesfalls durch Gestalten der Göttin – Gott als Mutter, Gott als Jungfrau –, sondern spricht statt dessen von Gott als dem "Schöpfergeist" (Adams, „The Madonna and Margaret Fuller", *Women's Studies* 25, 1996, 385–405, zitiert auf 389). S. a. Adams, *Our lady*, chapter 6.

[227] Frances Swiney, *The awakening of women, or woman's part in evolution* (London: William Reeves, 3rd rev ed., 1908), 269. Für eine weitere Diskussion von Swiney: G. Robb, „Eugenics, spirituality, and sex differentiation in Edwardian England: the case of Frances Swiney" *Journal of Women's History* 10(3), 1998, 97–117; Joy Dixon, *Divine Feminine: theosophy and feminism in England* (Baltimore: The Johns Hopkins University Press, 2001), 167–172; Yeo, 130; *Oxford DNB* 53, 499–501.

[228] *Die Brodfrage der Frau* (1875), 24, zitiert in Harriet Anderson, *Utopian feminism: women's movements in fin-de-siecle Vienna* (New Haven, CT: Yale University Press, 1992), 15.

[229] Hainisch, Marianne, *Die Brodfrage der Frau* (Wien, ÖNB, 1875), 24. Online: http://www.literature.at/alo?objid=12806 (24.04.2013).

[230] Die Auszüge aus Hazrat Inayat Khan stammen aus seiner *Biography* (hrsg. von der Nekbakht Foundation). Online: http://www.princeton.edu/~jwc/pathn.html. Auch zitiert, auf 1910 datiert und dem Wort „woman" geändert in „women" in „Feminine spirituality and Sufism". Online: http://www.geocities.com/chrysalisconnection.

[231] Eberz ist auf Englisch nur bekannt durch die Ausgabe von Susanne Schaup, *Sophia: aspects of the Divine Feminine past and present* (York Beach, ME: Nicolas-Hays Inc, 1997), Kap. 4; zitiert auf S. 149.

[232] Eberz, Otfried, *Vom Aufgang und Niedergang des männlichen Weltalters – Gedanken über das Zweigeschlechterwesen* (Bonn: Bouvier, 1990), 140

[233] Nathaniel Hawthorne, *The Scarlet Letter* (Harmondsworth: Penguin Classics, 1970), 275

[234] Hawthorne, Nathaniel, *Der scharlachrote Buchstabe* (Frankfurt/M.: Insel, 2004), 283f

# Anmerkungen

[235] Für eine Diskussion dieses Themas in Hawthornes Romanen s. Susan Dennison Sinclair, *Hawthorne's "new revelation": the female Christ* (PhD thesis, Duke University, 1981), insb. Kap. 2. Seltsamerweise scheint sich Sinclair der europäischen Sophientradition nicht bewusst zu sein, da sie ihre Studie allein innerhalb der amerikanischen Literatur platziert, so wie Kathy Hallenbeck, *Completing the circle: a study of the archetypical male and female in Nathaniel Hawthorne's The Scarlet Letter* (MA thesis, East Tennessee State University, 2002).

[236] In den Anmerkungen zum 2. Band von *New Fairy Tales and Stories* (1861) schrieb Andersen: "Man hat mir in meinen späteren Jahren vorgeworfen, philosphische Geschichten zu schreiben, die meinen Kritikern zufolge jenseits meiner Kompetenz liegen. Diese Anmerkungen bezogen sich insbs. auf *The New Century's Goddess*. Doch diese Geschichte ist eine natürliche Folgeerscheinung des Märchens." Zitiert in *Hans Christian Andersen: the complete fairy tales and stories*, übersetzt von Erik Christian Haugaard (NY: Random House, 1974/Anchor Books, 1983), 1087.

[237] Haugaard, 428–430; auch übersetzt auf Englisch als „Thousands of years from now". Online: http://www.andersen.sdu.dk (21.04.2013).

[238] Haugaard, 729–734, unter dem Titel „The Muse of the twentieth century".

[239] Andersen, Hans Christian, *Andersens Märchen* – „Die Muse des neuen Jahrhunderts" (Bindlach, Gondrom, 1976). Online: http://gutenberg.spiegel.de/buch/1227/130 (21.04.2013).

[240] Apiryon, T., „History of the Gnostic Catholic Church" (1995). Englische Übersetzung verfügbar Online: http://www.geocities.com/Athens/Acropolis/1896/egc.html.

[241] *The Mystery of the Ages* (1887), 316–317, wie zitiert in der Beilage zu *The Millennium*, a music CD (London: IPO, 2000); auch in Druckform in *Knowledge of Reality* 18, 24.

[242] Apiryon, „History", zitiert wörtlich den Text derartiger Kommunikationen.

[243] In einer Homage an Valentinus, den Gründer der Valentinischen Schule des Gnostizismus (Apiryon).

[244] Die pdf des *Gnostic Catechism* von Doinel is online verfügbar in der Yahoogruppe Eglise Gnostique: http://groups.yahoo.com/group/eglisegnostique/files/.

[245] Das Zitat stammt von Stephan A. Hoeller, „Wandering bishops: not all roads lead to Rome" *Gnosis: A Journal of Western Inner Traditions* 12, 1989. Online: http://www.gnosis.org/wandering_bishops.htm (21.04.2013). Eine Synopsis der Rede von 1908 findet man Online: http://wwwgnostique.net/ecclesia/EG.htm.

[246] Der Ausdruck "Mutter Gottes" (Griechisch = *Theotokos*) wurde im mittelalterlichen Christentum oft in Zusammenhang mit Maria, der Mutter von Jesus Christus gebraucht. Dieser Ausdruck wurde seit dem Konzil von Chalcedon (451 n. Chr.) Teil des formellen Kirchendogmas (in Folge seines früheren Gebrauchs auf dem Konzil von Ephesus, 431) und war lange in der orthodoxen Tradition verwendet worden. S. Maria Vassilaki, ed., *Mother of God: representations of the Virgin in Byzantine art* (Milano: Skira Editore, 2000); H. P. Gerhard, *The icons of the Mother of God* (auf Deutsch, 1956; Englische Übersetzung: Germany: Catholic Art Book Guild, 1964).

# Anmerkungen

[247] *Clothed with the Sun* (1889). Online: http://www.sacred-texts.com/wmn/cws (21.04.2013). Für biographische Informationen s. Diana Burfield, „Theosophy and feminism: some explorations in nineteenth century biography" In: Pat Holden, ed., *Women's religious experiences* (London Croom Helm, 1983), 27–56, insbs. 36–41; Joscelyn Godwin, *The theosophical enlightenment* (Albany, NY: SUNY Press, 1994), Kap. 16; *Oxford DNB* 31, 699–701. Edward Maitlands Biographie habe ich nicht gesehen, *Anna Kingsford: her life, letters, diary and work* (London: George Redway, 1896).

[248] Carlos Parada, „The Ages of the World". Online: http://www.maicar.com/GML/AgesOfWorld.html (21.04.2013).

[249] J. A. Burrow, *The Ages of Man: a study in medieval writing and thought* (Oxford: Clarendon Press, 1986), insbs. Kap. 1.

[250] Englische Übersetzung von Bernard McGinn, *Visions of the end: apocalyptic traditions in the Middle Ages* (New York: Columbia University Press, 1979), 133–134. Für eine ausgezeichnete Zusammenfassung von Joachims Leben und Theologie s. McGinns Artikel Online: http://www.pbs.org/wgbh/pages/frontline/shows/apocalypse/explanation/joachim.html (21.04.2013). Zu den wissenschaftlichen Studien gehören Delno C.West and Sandra Zimdars-Swartz, *Joachim of Fiore: a study in spiritual perception and history* (Bloomington: Indiana University Press, 1983), Marjorie Reeves, *Joachim of Fiore and the prophetic future* (London: SPCK, 1976) und McGinns erfolgreiches *The Calabrian abbot: Joachim of Fiore in the history of Western thought* (London: Macmillan, 1985). Für Joachims andauernden Einfluss s. Warwick Gould and Marjorie Reeves, *Joachim of Fiore and the myth of the Eternal Evangel in the nineteenth and twentieth centuries* (Oxford: Clarendon Press, rev ed., 2001).

[251] Gould and Reeves, 5. 126

[252] Englischer Text übernommen aus John Noyce, *Wisdom Tradition*, 121f

[253] Gould and Reeves, 261–2. Nicht zu Lebzeiten des Dichters veröffentlicht. Das Gedicht wurde auf 1902 datiert und kann unvollendet sein (Gould and Reeves, Anmerkung 123). Für biographische Informationen zu Johnson s. *Oxford DNB* 30, 288–289.

[254] Gould and Reeves, 333–335. S. a. Benoit P.Hepner, „History and the future: the vision of August Cieszkowski", *Review of Politics* 15(3), 1953, 328–349.

[255] Gould and Reeves, 335–338.

[256] Vogt, Paul, *Der Blaue Reiter* (Köln: DuMont, 1977). Online: http://books.google.de/books?id=oPHpAAAAMAAJ (21.04.2013).

[257] C. H. Bedford, *The Seeker: D.S.Merezhkovskiy* (Lawrence: University Press of Kansas, 1975), 112. Doch man beachte, dass Bedford in seinem früheren „Dmitry Merezhkovsky, the Third Testament and the Third Humanity", *Slavonic and East European Review* 42, 1963, 144–160, zitiert auf S. 149, diese Passage *Lermontov* (1911) zuordnet.

[258] wie übersetzt bei N. O. Lossky, *History of Russian philosophy* (London: George Allen and Unwin, 1952), 340.

[259] Gould and Reeves, 331. Für Merezhkovskys Leben und Werk s. Bedford, *The Seeker*; Bernice Glatzer Rosenthal, *Dmitri Sergeevich Merezkovsky and the Silver Age: the development of a revolutionary mentality* (The Hague: Martinus Nijhoff, 1975); Temira Pachmuss, *D. S.Merezhkovsky in exile: the master of the genre of biographie romancee*

# Anmerkungen

(NY: Peter Lang, 1990); Judith E. Kalb, „Dmitri Sergeevich Merezhkovsky", *DLB* 295, 307–318. Für Gippius (auch ins Englische als Hippius transkribiert) und ihre lebenslange Obsession der Einheit der Drei sowohl im religiösen als auch im persönlichen Sinne s. Temira Pachmuss, ed., *Between Paris and St. Petersburg: selected diaries of Zinaida Hippius* (Urbana: University of Illinois Press, 1975), insbs. 17–18, usw.; Pachmuss, *Zinaida Hippius: an intellectual profile* (Carbondale: Southern Illinois University Press, 1971), insbs. Kap. 4; doch man beachte, dass der persönliche Konservatismus von Prof. Pachmuss eine angemessene Untersuchung seitens Gippius behindert hat. Zu diesem Punkt s. die unverblümten Kommentare von Simon Karlinsky in seiner Einleitung zu der englischen Ausgabe von Vladimir Zlobin, *A difficult soul* (Berkeley: University of California Press, 1980), 19.

[260] Rosenthal, 227. S. a. Gould and Reeves, 16–17.

[261] C. S. Lewis, *The Great Divorce* (London: Geoffrey Bles, 1946), 97–99.

[262] Alle Auszüge aus *Rosa Mira* stammen aus Mikhail Epstein, „Daniil Andreev and the Russian mysticism of feminity". In: *The occult in Russian and Soviet culture*. Hrsg. von Bernice Glatzer Rosenthal (Ithaca: Cornell University Press, 1997), 325–355. Online: http://www.emory.edu/INTELNET/fi.andreev.html (21.04.2013). Russische Kollegen haben mich darüber informiert, dass in der englischen Übersetzung der *Roza Mira* (New York: Lindisfarne Press, 1997) große Teile des prophetischen Textes ausgelassen wurden.

[263] Allan J. Stover, „The rising tide of a new age", *Theosophical Forum*, April 1948. Auf der Internetseite der Theosophy Northwest, einem Ableger der in Kalifornien beheimateten Theosophical Society, Pasadena, gibt es eine umfangreiche Auswahl von Artikeln über die theosophische Annäherung an die Zyklen der Weltgeschichte. Online: http://www.theosophy-nw.org/theosnw/cycles/cy-selec.htm (21.04.2014).

## Schlussbetrachtungen

[264] Bonnie A. Birk, *Christine de Pizan and Biblical Wisdom: a feminist-theological point of view* (Milwaukee, WI: Marquette University Press, 2005), 161–162.

[265] Julie Hirst, „Dreaming of a New Jerusalem: Jane Lead's Visions of Wisdom", *Feminist Theology*, 14(3), 2006, 349–365.

[266] *Revelation of Revelations* (1683), 42, zitiert bei Hirst, 357.

[267] *Revelation of Revelations*, 47, zitiert Hirst, 357.

[268] Francis Lee, „Concerning Divine Wisdom". Online: http://www.passtheword.org/Francis-Lee/lee-wisdom.htm (21.04.2013). Dies wird kurz diskutiert von Sylvia Bowerbank, „God as Androgyne: Jane Lead's rewriting of the destiny of Nature", *Quidditas* 24, 2003, 5–23, Diskussion auf S. 18.

[269] Beide Auszüge stammten aus *Revelation of Revelations*, 39 wie zitiert in Theresa D. Kemp, "'Here must a beheading go before': the antirational androgynist theosophy of Jane Lead's Revelations of Revelations", *Clio* 34(3), 2005: 251–275, Zitate auf S. 257–258.